lonely planet

口袋指南

米兰和湖区

必游景点 · 本地体验 · 轻松出发

Pocket

本书作者
宝拉·哈代（Paula Hardy）

中国地图出版社

本书特色

轻松计划行程

全方位了解目的地，
助你规划精彩行程

行前参考
贴心提示让旅途
更轻松

米兰和湖区最佳
多彩榜单助你快速
了解目的地亮点

探索米兰和湖区

分区域介绍
最佳看点和活动

顶级景点
不可错过的精彩

当地生活
体验原汁原味的
目的地

生存指南

实用建议
令你上路无忧

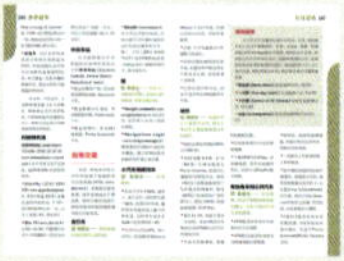

当地交通
像本地人一样四通八达

实用信息
包括住宿推荐在内的
详尽贴士

特别呈现

作者的优选内容
让旅行体验更深入

最佳步行游览
双脚丈量米兰和湖区
的经典线路

了解灰页
丰富生动的文化背景
知识

下列符号帮助你找到该区域的最佳选择：

- 景点和活动
- 就餐
- 饮品
- 娱乐
- 购物

下列符号所代表的都是重要信息：

- 电话号码
- 营业时间
- 停车场
- 禁止吸烟
- 上网
- 无线网络
- 素食菜品
- 英语菜单
- 适合家庭
- 允许携带宠物
- 巴士
- 轮渡
- 地铁
- 地铁
- 有轨电车
- 火车

地图标识助你快速找到需要的信息：

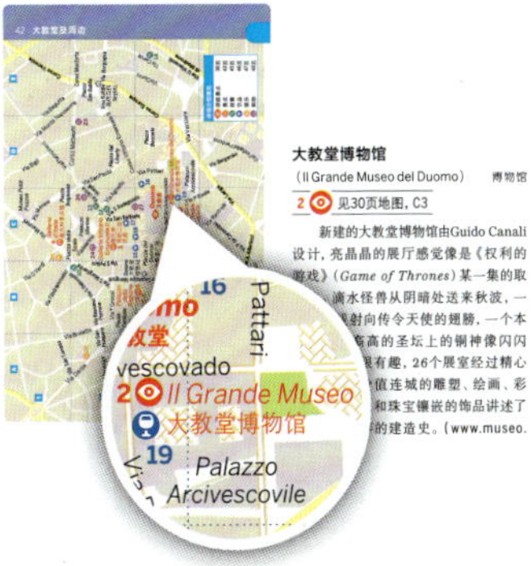

Lonely Planet 《米兰和湖区》

Lonely Planet口袋指南专为渴望轻松深入目的地的你而精心打造。在本书中，你会找到米兰和湖区所有的必游景点，我们的独家建议会让你的旅程更加难忘。书中将该地区划分成几个合理的区域，通过地图清晰标示出所有地点。我们有资深作者的实地调研，他们会为你呈现徒步、美食、夜生活和购物等本地精华所在。若你还想探索更多，“当地生活”章节将为你推荐一些不为人知的精彩路线，深入体验原汁原味的目的地。此外，书中的实用信息将令你的旅程更加轻松顺利。有趣的短途游览路线、明晰的当地交通信息，甚至各地不同的小费标准，在这本小书中均有提及。

Lonely Planet《米兰和湖区》将是你在旅途中获得美妙的体验的保证。

我们的承诺

我们的工作就是让你拥有高品质的旅程。在写作每一版指南之前，孤独星球的作者都会实地考察、亲身体验。请放心，我们一贯实事求是，从不接受他人馈赠而为之宣传。

轻松计划行程 7

探索米兰和湖区 33

生存指南 143

特别呈现

MARIAE
NASCENTI

轻松计划行程

欢迎来米兰

米兰是意大利的未来之城。在这个快节奏的大都市，创意是一项重要的产业，穿戴体面和下班后喝几杯［即“欢乐时光”（aperitivi）］都是一种艺术。米兰也是一个历史悠久的城市，不需要像其他城市那样排长队等候参观景点，因为这里大街小巷随处可见奇珍异宝。每到周末，你还可以跟随大批城里人前往游览意大利湖区的优雅小镇和错落有致的花园。

大教堂（Duomo，见36页）

RICHARD I' ANSON / GETTY IMAGES ©

米兰和湖区 顶级景点

大教堂(Duomo，见36页)

米兰的哥特式大教堂那永恒的大理石外立面以及不计其数的尖塔和尖顶，堪称一座露天雕塑博物馆。

《最后的晚餐》(*The Last Supper*, 见92页)

达·芬奇的《最后的晚餐》(*Il Cenacolo*)是世界上最著名的画作之一，原作绘制在圣玛利亚感恩教堂(Santa Maria delle Grazie)餐厅的墙壁上，在“二战”的轰炸中被一堆沙袋保护而得以保存。

博罗梅奥岛(Isole Borromee, 见118页)

博罗梅奥岛位于马焦雷湖风景秀丽的一隅，是博罗梅(Borromei)家族私人豪宅所在地。岛中央的博罗梅奥宫(Palazzo Borromeo)拥有多达10层的花园。

贝拉焦

(Bellagio, 见128页)

贝拉焦的街道弯弯曲曲，花园里杜鹃花盛开，先随便逛逛，午后坐在湖边，喝一瓶Mamete Prevostini Opera Bianco，如此生活，夫复何求？

布雷拉画廊

（Pinacoteca di Brera，见70页）

布雷拉画廊建于18世纪，紧邻意大利最负盛名的艺术学院。馆藏有价值连城的提香（Titian）、丁托列托（Tintoretto）、维罗纳（Veronese）和贝利尼（Bellini）兄弟等古典大师的名作。

二十世纪博物馆

（Museo del Novecento，见40页）

仿照20世纪50年代以阿尔图罗·马丁尼（Arturo Martini）的浅浮雕为特色的阿仁伽里奥宫（Palazzo dell'Arengario）而建，其建筑与馆藏的20世纪艺术品相得益彰。

波尔蒂·佩佐利博物馆(Museo Poldi Pezzoli, 见52页)

吉安·贾科莫·波尔蒂·佩佐利(Gian Giacomo Poldi Pezzoli)按照不同的年代主题装饰他的公寓,房间内陈列着他收藏的文艺复兴时期极其珍贵的绘画和文物,为参观者了解19世纪艺术赞助人的全盛时期提供了一个独特视角。

斯福尔扎城堡

(Castello Sforzesco, 见68页)

作为世代米兰公爵的住所,斯福尔扎城堡是欧洲最大的城堡之一,拥有12座坚固结实的堡垒,城墙一度长达3.5公里。现在城堡里有几间房子作为米兰的市民博物馆向公众开放。

米兰和湖区最佳 时装

"二战"后，除佛罗伦萨之外的意大利时装业迎头赶上，米兰开始引人注目。在金色四边广场开店的设计师为时装爱好者开辟了一片新天地。巴黎、纽约和伦敦的设计师或许同样有影响力，但他们无法跟米兰竞争，因为时装已经融入了这个工业城市的血液，零售业像生物科技和土木工程一样受到重视。

对大牌过敏

在布雷拉、科莫大道（Corso Como）和维切利大道（Corso Vercelli）可以找到比较年轻的品牌店和出售多品牌时装的零售店。大型百货商店Rinascente提供各种品牌的男装、女装和童装。要买米兰的高街时装，可以试试Porta Ticinese、Via Torino和Corso Buenos Aires，而要买米兰最新潮的时装，得直奔纳维利和托尔托纳创意区。

最佳米兰独有品牌

Antica Barbieria Colla 最优质的男士美容产品品牌。（见48页）

Mutinelli 米兰最古老的女帽品牌，销售个性头饰。（见63页）

La Vetrina etrina di Beryl "芭芭拉的鞋店"吸引着全世界的鞋迷。（见81页）

最有眼光的造型师

Wait and See 来自世界各地的小众时装品牌。（见48页）

Atelier Bergnach 定做裙子，提供大量布料、款式和风格供客人选择。（见63页）

Ziio 东方风情的流行饰品，风格仿照约旦王后拉尼亚（Queen Rania）的珠宝。（见88页）

最佳折扣时装

DMagazine 过季时装的折扣力度很大。（见65页）

Cavalli e Nastri 认真经营的20世纪早中期的意大利时装品牌。（见80页）

Bivio 购入和出售优质"二手"大牌时装。（见113页）

最佳概念店

10 Corso Como 米兰炒作得最厉害的概念店，店内堆满各种奇特而有趣的东西。（见89页）

Nonostantemarras 安东尼奥·玛哈斯（Antonio Marras）的创造力王国。（见101页）

Biffi 前卫和国际重量级品牌。（见113页）

米兰和湖区最佳 设计

今天的米兰是所有主要设计的展厅，一年到头有办不完的大型国际设计博览会，而且一直是有关设计的教育和发布中心。这里的设计不仅是功能性的（尽管功能性是当代创造的核心），还包含着情绪：表现力、创意、幽默和个性。

PAOLO CORDELLI / GETTY IMAGES ©

名人

参观米兰三年中心的设计博物馆（Design Museum），向意大利最优秀、最有才华的设计师致意。其中许多设计师声称——或始终认为——米兰是他们的家。值得关注的名字包括吉奥·彭蒂（Giò Ponti）、布鲁诺·莫纳利（Bruno Munari）、皮耶罗·弗纳塞提（Piero Fornasetti）、恩佐·马里（Enzo Mari）、卡斯蒂格利奥尼兄弟（the Castiglioni brothers）、盖特诺· 佩斯（Gaetano Pesce）、马里奥·贝利尼（Mario Bellini）、盖·奥伦蒂（Gae Aulenti）、艾托瑞·索特萨斯（Ettore Sottsass）和亚历山德罗·门迪尼（Alessandro Mendini）。

最佳设计灵感

米兰三年中心 博物馆、教育机构兼展厅，三年中心从20世纪30年代起就是拥有冠军设计的地方。（见75页）

阿切勒·卡斯蒂格利奥尼博物馆 跟随导游参观意大利20世纪最有影响力设计师之一的工作室。（见75页）

设计图书馆 翻阅*Domus*、*Abitare*和*Ottogono*等过期刊物的经典设计版面。（见101页）

超级工作室 展览中心附带家具展销会，日程表上安排了各种展览和派对。（Superstudio Più；www.superstudiogroup.com；Via Tortona 27；M Porta Genova）

最佳设计店

Spazio Rossana Orlandi 标志性的室内设计“空间”，摆件和家居用品都不常见。（见99页）

Alessi 这家旗舰店由Martí Guixé设计，所有你喜欢的Alessi家居用品都能买到。（见55页）

MUST Shop 国家科技馆内充满想象力的商店，形式和功能完美结合。（见99页）

Moroni Gomma 要买个性十足的一次性纪念品和极具设计感的手信，就来这儿吧。（见48页）

米兰和湖区最佳 就餐

米兰的餐饮业跟它的时装业很相似：新餐馆的开张会引起热议，米其林星级餐馆很难订到位子。无论你想吃地道的传统食物，还是时尚的多国风味美食，你总是能在这里吃到意大利最令人难忘、最高级精美的食物。

最佳新派意大利菜

La Brisa 位于一个美丽的庭院花园内，尽量低调地制作时尚美食。（见96页）

Un Posto a Milano 位于一个农庄花园内，家常烹饪看似简单，实则并非如此。（见115页）

Alice Ristorante 获奖大厨Viviana Varese新开张的餐馆，在新开张的Eataly旗舰店上方。（见85页）

La Veranda 四季酒店的招牌餐厅。（见55页）

最佳经典餐馆

Bagutta 从20世纪20年代起就赫赫有名，现在被视为历史地标。（见57页）

Osteria del Treno 这个至今仍在营业的铁路俱乐部有一家自由风格的舞厅，一如既往地供应便宜而地道的食物。（见85页）

Trattoria Milanese 这家真正的意式小馆位于城里最古老的地区之一，供应种类齐全的经典美食。（见45页）

La Bettola di Piero 邻里餐厅，奉行“慢食”理念，一丝不苟地制作美食。（见115页）

Latteria di San Marco 典型的家庭餐馆，Arturo在厨房做菜，他的妻子和女儿负责上菜。（见77页）

最佳意式冰激凌店

Gelato Giusto 巧克力大师创造出新颖的口味。（见58页）

Artico Gelateria 一家社区意式冰激凌店，观看他们在柜台后面像变魔术似的制作冰激凌。（见86页）

Shockolat 牛奶巧克力、黑巧克力、白巧克力、辣味巧克力、榛子巧克力（gianduja）和肉桂巧克力随意调配，制作出广受欢迎的口味。（见97页）

☑ 独家贴士

- 所有高端和热门的餐馆都应该提前订位，特别是周五和周六的晚餐以及周日的午餐。
- 米兰家具展（Salone del Mobile）和时装周期间，一天三顿饭都得提前预订。

米兰和湖区最佳 购物

从艺术家的工作室，到概念店和生活方式店，米兰的商业丰富多彩、生机勃勃。店铺种类包括珠宝、烘焙、木工和女帽，这些行业在数百年里一直为欧洲贵族提供产品及服务，因此质量极佳、选择广泛。

最佳饮食和葡萄酒

Peck 历史悠久，出售特色肉食、奶酪、油、意面、巧克力和葡萄酒。（见49页）

N'Ombra de Vin 前身是奥古斯丁（Augustinian）教派教士的餐厅，出售3000多个牌子的葡萄酒。（见78页）

Eataly 这家"慢食"食品商场位于一个前剧院内，出售多种罕见的美食。（见88页）

最佳独立设计师品牌

Monica Castiglioni 自学成才的珠宝师，也是设计大师阿切勒·卡斯蒂格利奥尼的女儿。（见89页）

Risi 风格不过分张扬，恰到好处，米兰人都喜欢。（见98页）

Mauro Leone 来自都灵（Turin）的Mauro用他时尚而平价的鞋子征服了米兰人的心。（见113页）

Malìparmi 色彩明亮的印制图案、串珠和刺绣使Malìparmi的商品在夏季成为人手一件的东西。（见81页）

最佳传统品牌

Borsalino 已有超过150年历史，制作全世界最酷的帽子。（见49页）

Pellini 独特的流行饰品和发饰，创立者是斯卡拉歌剧院服装供应商的孙女。（见62页）

Aspesi 适合周末远足和湖上泛舟的户外装备，低调但有个性。（见55页）

Doriani 山羊绒针织品和轻薄的polo衫立马让Doriani的绅士主顾们显得很酷。（见65页）

RENAULT PHILIPPE / GETTY IMAGES ©

☑ 独家贴士

- 营业时间为：周一15:00~19:00，周二至周六10:00~19:00。一些小店在12:30~15:00午休。
- 非欧盟国家公民在贴有"免税购物"（Value Added Tax，VAT）标志的商店里购买超过€154.94就可以要求退税。在Rinascente商场的免税中心或机场办理退税。

米兰和湖区最佳 饮品

与米兰的一切事物一样，喝酒是个时髦的事，也是给人留下好印象（la bella figura）的机会。欢乐时光为18:00~21:00，但米兰人几乎不会在19:00之前喝酒。鸡尾酒通常制作得很专业，并搭配美味、免费、有时很出色的自助食物。最后，喝得醉醺醺或者身上弄得脏兮兮是很不得体的（molto vulgare）。

最佳欢乐时光酒吧

宝格丽酒店（Bulgari Hotel） 年份烈酒、专业鸡尾酒和高端的欢乐时光。（见80页）

Ceresio 7 米兰最酷的欢乐时光酒吧，在前Enel（电力公司）总部楼顶的泳池旁。（见86页）

Grand Hotel des Iles Borromées 像海明威那样，在能俯瞰马焦雷湖的露台上喝一杯“曼哈顿”鸡尾酒。（见123页）

最佳葡萄酒窖

N' Ombra de Vin 一个拱顶酒窖，全天皆可品酒。（见78页）

Cantine Isola 一个邻里酒吧，供应不常见的限量版本地产葡萄酒。（见86页）

SignorVino 葡萄酒商店兼餐馆，烹制与600瓶葡萄酒分别搭配的菜肴。（见47页）

La Bottiglieria del Castello 在Intra美丽的鹅卵石广场上浅酌本地最好的葡萄酒。（见123页）

最佳鸡尾酒吧

Camparino in Galleria 米兰的老牌酒吧，从1867年起就供应以金巴利为基酒的鸡尾酒。（见46页）

Mag Café 一家安静悠闲的酒吧，气氛轻松随意，调制鸡尾酒的手法很新颖。（见109页）

Nottingham Forest Dario Comino是这家酒吧的“魔术师”，“变”出真正有创意的鸡尾酒。（见60页）

Bar Rita 美式鸡尾酒吧，调制的经典款鸡尾酒与众不同。（见109页）

☑ 独家贴士

▶欢乐时光的饮品价格为€8~10，但在比较豪华的场所可能会高达€15或€20。通常，饮品越贵，自助食物越丰盛。再加上€8，应该就能吃到猪肉熟食、奶酪、比萨、沙拉，甚至意面。

米兰和湖区最佳 建筑

米兰建筑的魅力在于不同风格的融合，但其核心在于意大利人酷爱20世纪新艺术建筑。宽阔的街道两边是伴随着20世纪30年代理性主义热潮出现的世纪末自由风格公寓。同时，两个全球最前卫的摩天大厦从战后的废墟上拔地而起，即BBPR的托雷维拉斯加塔和吉奥·彭蒂的倍耐力塔。

JOSE FUSTE RAGA / CORBIS ©

最佳外观

大教堂 用坎多吉亚大理石（Candoglia marble）建造的哥特式塔尖直冲云霄。（见36页）

奥尔默别墅 新古典主义风格，外立面的柱廊令人印象深刻，以"现代时尚"的风格进行了改造。（见132页）

中央车站 装饰精美的新巴比伦风格建筑，是全民法西斯主义热潮的缩影。（见85页）

倍耐力塔 彭蒂的现代主义标志性建筑，摩天大厦的侧面从下往上逐渐缩进，看起来充满时代活力。（Piazza Duca d' Aosta 3; Ⓜ Centrale FS）

最佳内部装饰

内基·坎皮里奥别墅 这座别墅始建于20世纪30年代，经过修复。设计者是理性派设计师皮耶罗·波尔塔卢比。（见58页）

圣沙弟乐圣母堂 布拉曼特设计的后殿视觉陷阱玩了个巧妙的障眼法。（见44页）

波尔蒂纳里小教堂 米兰最好的文艺复兴时期小礼拜堂，温琴佐·福帕（Vincenzo Foppa）的壁画技法熟练。（见107页）

博斯基斯蒂法诺故居博物馆 装饰艺术风格的寓所，摆放着战后的家具和德·基里科创作的艺术品。（见57页）

博罗梅奥宫 过分奢华的博罗梅奥宫，内部每一英寸都装饰着绘画、灰泥粉饰、镀金或镶嵌着贵重的大理石。（见119页）

最佳博物馆

普拉达基金会 经过翻建的工业厂房，翻建方案由荷兰设计师雷姆·库哈斯（Rem Koolhaas）设计。（见115页）

大教堂博物馆 Guido Canali设计的新内饰，展示了大教堂惊人的建筑细节。（见43页）

意大利美术馆 米兰三大装饰最奢华的宫殿之一，如今陈列着由圣保罗银行收藏的18世纪和19世纪艺术品。（见44页）

米兰和湖区最佳 艺术体验

米兰的博物馆收藏了从文艺复兴初期到新古典主义时期的艺术品。此外，即使是在米兰最出名的美术馆——布雷拉画廊，你也可以经常在没有游客的展室里尽情欣赏贝利尼或卡拉瓦乔的作品。米兰还是一座20世纪艺术品的宝库，在二十世纪博物馆，未来派画家翁贝托·波丘尼和贾科莫·巴拉的作品虽然已有一百多年的历史了，但看起来仍然很新。

最佳壁画

《最后的晚餐》 严格说来根本不是壁画，列奥纳多·达·芬奇的《最后的晚餐》打破所有条条框框，完全不落窠臼。（见92页）

圣毛里齐奥教堂 圣毛里齐奥教堂的壁画绘制时间长达70年，至今看起来依然那么令人目眩神迷。（见95页）

波尔蒂纳里小教堂 温琴佐·福帕是伦巴第文艺复兴时期的先驱，这些是他最好的作品。（见107页）

最佳年代藏品

斯福尔扎城堡 古代艺术博物馆（Ancient Art Museum）收藏了包括米开朗基罗的《隆达尼尼的圣殇》在内的作品。（见68页）

布雷拉画廊 从提香到丁托列托和卡拉瓦乔，名家大师的作品数量惊人。（见70页）

波尔蒂·佩佐利博物馆 文艺复兴时期的瑰宝陈列在古色古香、艺术感十足的展厅里。（见52页）

巴加蒂·瓦尔塞基博物馆 巴加蒂·瓦尔塞基的王宫是金色四边广场一个活的博物馆。（见55页）

意大利美术馆 大量藏品向18世纪和19世纪的伦巴第绘画致敬。（见44页）

最佳20世纪杰作

二十世纪博物馆 占地4000平方米，由伊塔洛·罗塔（Italo Rota）设计，展出了意大利20世纪天才艺术家的作品。（见40页）

内基·坎皮里奥别墅 Pa-vian家女继承人Nedda和

Gigina的宅邸，二人有着精明的艺术眼光，收藏昂贵的艺术品。（见58页）

博斯基斯蒂法诺故居博物馆 由皮耶罗·波尔塔卢比设计的沙龙风格寓所，收藏了20世纪大师们的名作。（见57页）

最佳私人基金会

尼古拉·特鲁萨尔迪基金会 特鲁萨尔迪创办的基金会，在不同寻常的公共场所举办当代艺术展。（见63页）

普拉达基金会 普拉达的当代艺术收藏品如今陈列在由雷姆·库哈斯（Rem Koolhaas）设计的给人带来视觉震撼的空间内。（见115页）

视觉中国 提供

斯福尔扎城堡（见68页）

米兰和湖区最佳 历史景观

古罗马人认为荒蛮的山南高卢(Cisalpine Gaul)根本不算意大利的一部分。公元前222年，他们攻占了因苏布里亚(Insubri)凯尔特人的城市后，把它命名为“梅蒂奥拉努”(意为“平原中部”)。从此，米兰成为王公贵族的居住地，为不同的帝国提供武器，油腔滑调的政客、制造业和管理良好的种植业蓬勃发展。

最佳古罗马遗址

公民考古博物馆 收藏古罗马、古希腊和伊特鲁里亚文物，以及一个古罗马时期米兰的模型。(见95页)

圣洛伦佐柱 是一栋古罗马时期住宅中残存下来的16根独立柱子，现在是一个欢乐时光热门地点。(见107页)

最佳中世纪景点

斯福尔扎城堡 米兰宏伟的中世纪堡垒，如今是年代艺术品宝库。(见68页)

安布罗西亚纳图书馆 收藏着价值连城的达·芬奇手稿《大西洋古抄本》。(见44页)

圣安布罗吉奥大教堂 米兰的精神家园，教堂内有大量的中世纪绘画、一个庄严的金色圣坛和一片金色的天空。(见95页)

最佳文艺复兴景点

《最后的晚餐》 无与伦比的达·芬奇壁画，描绘耶稣在察觉自己将要被出卖时的那一刻。(见92页)

圣沙弟乐圣母堂 布拉曼特的巧妙技法让一个小礼拜堂看起来有一个全尺寸教堂那么大。(见44页)

圣毛里齐奥教堂 大量美丽的壁画，来自与达·芬奇同时代的画家伯纳迪诺·吕伊尼。(见95页)

最佳19世纪景点

大教堂 拿破仑选择米兰作为他阿尔卑斯山南帝国(Cisalpine Empire)的首都，因而建成大教堂，1805年他在大教堂加冕。(见36页)

内利宫 这个维斯孔蒂家族的宫殿如今是世界级的博物馆，这里保留了一个“二战”时期被毁掉的大厅作为对残酷战争的回忆。(见43页)

米兰纪念公墓 米兰高尚公民的长眠之地，公墓内还有一个为“二战”死难者而建的壮丽纪念碑。(见85页)

米兰和湖区最佳 文化体验

200多年来，威尔第和普契尼的家乡培养出一些全世界最优秀的古典音乐家。米兰也是意大利主要音乐出版商的所在地，最好的欧洲和北美音乐会、戏剧团体以及舞蹈团每年都会在米兰巡演。夏季，米兰还会主办大量系列文化活动。

最佳音乐

斯卡拉歌剧院 穿上正装，在意大利最著名的剧院看一场芭蕾舞剧或歌剧。（见47页）

米兰礼堂 富有传奇色彩的威尔第乐团（Giuseppe Verdi Orchestra）的演出场所。（见110页）

Blue Note 米兰最大、最出名的爵士乐演出场所。（见88页）

Nibada Theatre 面积小，但有蓝调、灵魂音乐和民谣音乐等大牌乐队表演。（见111页）

最佳节日

安布罗西亚诺狂欢节 [忏悔星期二（Fat Tuesday）之后的]周六，大斋节（Lent）姗姗来迟，大教堂广场上举行狂欢。

运河节 6月的节日，纳维利的运河边有音乐、美食、游行和其他特殊活动。

圣安布罗吉奥节 纪念米兰保护圣人的节日，时间为12月7日，届时有盛大的圣诞节集市。

最佳展览

内利宫 举办世界级展览，例如，达·芬奇、夏加尔、达里奥·福（Dario Fo）和安迪·沃霍尔（Andy Warhol）等人的作品。（见43页）

拉焦内宫 新的当代摄影展览场所，展出已经出名或崭露头角的摄影家作品。（见44页）

RICHARD I'ANSON / GETTY IMAGES ©

普拉达基金会 缪西娅·普拉达（Miuccia Prada）的同名画廊，展出激动人心的当代艺术和装置艺术。（见115页）

米兰三年中心 各种形式的冠军设计产品，永久性和临时性展品轮流展出。（见75页）

最佳剧院

格拉西剧院 一个冒着风险上演全部芭蕾舞剧和即兴喜剧的剧院。（见48页）

斯特雷勒剧院 城里公认的顶级戏剧场所。（见80页）

米兰和湖区最佳 夜生活

米兰的夜生活形形色色，纯粹谈生意和只求买醉的地方都有，服务也都不错。门票€10起，贵的可达到€20。虽然夜店受欢迎程度非常高（Plastic已经营业24年了），但有主题之夜和DJ表演的店却不多。Zero（http://zero.eu/milano）和Milano2night（www.milanotonight.it）都是很好的指南，网站上的信息很有用。

最佳夜店

Plastic 安迪·沃霍尔说它是米兰最性感、最令人想犯罪的夜店。位于市中心以南，紧邻Via Ripamonte。（Via Gargano 15; ⌚周五至周六 23:00至次日5:00，周日 至次日3:00; ❄; 🚊24）

Alcatraz 老板是意大利摇滚明星瓦斯科·罗西（Vasco Rossi），前身是个车库，面积达1800平方米，周末客人非常多。（见86页）

Tunnel 在中央车站的铁轨下方，顶级DJ在店里打碟。（见87页）

最佳现场音乐

Blue Note 著名国际爵士乐场所，举办灵魂、蓝调和各国音乐演出。（见88页）

Nibada Theatre 欣赏真正的蓝调、灵魂、民谣和摇滚乐队演出的地方。（见111页）

Scimmie 位于运河边，新出道的爵士和另类摇滚乐队在此表演。（见111页）

La Salumeria della Musica 这家音乐“熟食店”请来富有活力的艺术家以及诺尔·加拉格（Noel Gallagher）等大腕。位于市中心以南，紧邻Via Ripamonti。（www.lasalumeriadellamusica.com; Via Pasinetti 4; ⌚9月至次年6月 周一至周六 21:00至次日2:00; ❄; 🚊24）

☑ 独家贴士

- 晚点进店，穿着笔挺，这样能给人留个好印象（la bella figura），否则你连门口保安那关都过不了。
- 大多数夜店的客人既有直男直女，也有同性恋。即使是在专门的同性恋酒吧，大多数夜晚也接待非同性恋者。

米兰和湖区最佳 湖区文化

JOSE FUSTE RAGA / CORBIS ©

自从古罗马人在湖边种下了橄榄树并建造了第一批假日别墅以来，意大利的湖泊就一直是受人喜爱的度假胜地，美丽的别墅、棕榈树和幽深的柏树林点缀着湖区的风景。作家、王子、贵族和名人都曾在这里留下足迹，他们在宏伟的自由风格酒店下榻并在湖滨步道散步。

最佳户外活动

Aero Club Como 从1913年起就经营湖上飞机。现在你可以自己驾驶Cessana飞机在贝拉焦上空盘旋。（见134页）

奥尔默别墅湖滨海滩 在"海滩"的日光躺椅上躺下来，或在全世界景色最酷的公共游泳池游泳。（见133页）

Barindelli's 像詹姆斯·邦德（James Bond）一样乘坐供应香烟的桃花心木小船游览科莫湖。（见129页）

Bicicò 骑山地自行车从莫塔罗内山前往斯特雷萨，鸟瞰整个马焦雷湖。（见122页）

科莫–布鲁纳特缆车 乘坐科莫湖上空晃晃悠悠的四面玻璃缆车。（见134页）

最佳湖边就餐

Casabella 完美的烤湖鱼与湖上风光很相配。（见119页）

Locanda di Orta 米其林星级大厨把奥尔塔湖（Lago d'Orta）出产的食材变成艺术品。（见125页）

Il Gatto Nero 在乔治·克鲁尼（George Clooney）最喜欢的科莫湖餐厅欣赏这位电影明星的海报。（见137页）

Vecchia Varenna 是个湖滨露台，你可以一边用脚趾玩水，一边吃马铃薯丸子和松露。（见137页）

最佳湖区博物馆

博罗梅奥宫 这座宫殿有10层栽着鲜花的露台，馆内收藏了鲁本斯、提香和曼特尼亚等古典大师的绘画。（见119页）

奥尔默别墅 科莫湖畔最宏伟的新古典主义风格别墅，内部是自由风格装饰，举办风靡一时的艺术展。（见132页）

卡洛塔庄园 室内挂着绘画，收藏了卡诺瓦的雪花石膏雕塑杰作《丘比特和普赛克》（*Cupid and Psyche*）。（见136页）

米兰和湖区
当地生活

带你体验原汁原味的米兰和湖区

是的，米兰人有时对游客不够友善——他们不过是忙着重新改造世界而已。但只要你愿意搭讪，他们很乐于和你分享令他们沉溺其中的嗜好，例如购物，参观当代画廊，或是边啜饮精心混合的内格罗尼鸡尾酒（negroni）边大啖当地美食。

像当地人一样购物

（见54页）

- 时装精品店
- 古老的住宅

金色四边广场（Quadrilatero d' Oro）拥有占地面积6000平方米、由鹅卵石铺就的街道，但竟然有超过500家时装店，堪称顶级流行时装的展示舞台。除了有阿玛尼（Armani）、宝格丽（Bulgari）和杜嘉班纳（D&G）等世界知名品牌，区内还有数家由历史古宅改建的博物馆、美食餐馆和豪华水疗店。

托尔托纳创意区

（见100页）

- 设计师工作室
- 设计展销会热门地点

托尔托纳创意区（Zona Tortona）位于涂鸦桥（Graffiti Bridge）两侧，Porta Genova的铁路轨道后面。这里曾经是一片乱糟糟的工人阶级住宅区和工厂，现在这里有许多设计工作室、时装品牌总部和阿玛尼新建的遗产博物馆，你能一睹米兰最新潮的创意。

运河边的生活

（见104页）

- 市场
- 欢乐时光酒吧

运河体系曾经是米兰的地标，但在20世纪被弃而不用。今天，大运河（Naviglio Grande）和帕韦塞运河（Naviglio Pavese）两岸林立着城里最好的酒吧、俱乐部和艺术家工坊。周末，当地人蜂拥来到市场购物，并在阳光下散步。

罗马门

（见114页）

- 传统餐饮
- 亲子乐趣

罗马门是米兰历史最悠久的地区之一，大公司、使领馆和米兰精英们的豪华住宅(palazzi)坐落于此。这里有大量正宗的餐馆和适合亲子游的景点，同时也是城里的夜生活区域之一，吸引着来自博科尼大学（Bocconi，米兰的商务和经济大学）的学生们。

纳维利（见102页）

大运河岸边的餐厅（见105页）

感受米兰和湖区，你还可以去：

新艺术风格建筑（见62页）

Antica Barbieria Colla（见48页）

森皮奥内公园（见76页）

克鲁尼的科莫（见132页）

欢乐时光（见109页）

圣西罗球场（见96页）

米兰式寿司（见78页）

宝格丽酒店（见80页）

Il Gatto Nero（见137页）

中国城（见88页）

米兰和湖区 每日行程

第一天

如果你只有一天时间游览米兰，那么就专注于主要景点。早早起床，在**Giacomo Caffè**（见47页）买杯咖啡和奶油蛋卷，然后登上**大教堂**（见36页）的屋顶俯瞰城区风光。接下来直奔收藏着大量20世纪艺术品的**二十世纪博物馆**（见40页）。上午，在能够俯瞰大教堂奢华尖顶的**Terrazza Aperol**（见47页）露台上歇歇脚，尝尝spritz（一种鸡尾酒）。

欣赏**维托伊曼纽二世拱廊**（Galleria Vittorio Emanuele Ⅱ，见43页）的橱窗，午餐可以去当地美食店**Trattoria Milanese**（见45页）或偏重时尚的**Café Trussardi**（见46页）。饭后前往宏伟的**斯福尔扎城堡**（见68页），快速地逛逛公爵的豪宅，看看米开朗基罗的遗作《隆达尼尼的圣殇》（*Rondanini Pietà*）。在位于森皮奥内公园的**Bar Bianco**（见138页）露台上畅享欢乐时光（见109页）。

如果你有提前预订的票，晚上可以去欣赏达·芬奇的《**最后的晚餐**》（见92页），然后在**La Brisa**（见96页）有树荫的庭院里享受一顿浪漫的晚餐。

第二天

第二天，在金色四边广场的**Pastic-ceria Cova**（见140页）喝咖啡。然后在时装店鳞次栉比的街道散步，在**Sermoneta**（见65页）购买宝石色的手套或在**Pellini**（见62页）购买迷人的饰品。上午的最后一站是**吉安·贾科莫·波尔蒂·佩佐利**（见52页）的奢华豪宅，参观其内部展出的珍贵的文艺复兴时期艺术品。

在有优雅回廊的**La Veranda**（见55页）或古老的**Bagutta**（见5_页）吃午饭。直奔Via Mozart，绕过现代主义建筑**内基·坎皮里奥别墅**（见58页）后面的高墙，看看20世纪30年代Nedda和Gigina Necchi等贵族妇女的生活。室内随处可见令人愉悦的日常细节：她们刻有花押字的发梳和行李箱，摆满陶器的橱柜，以及准备夜晚去**斯卡拉歌剧院**（见47页）穿的丝绸礼服。

跳上9路有轨电车，吹着风来到纳维利，跟米兰人一起，享受日落时分的欢乐时光。依次在**Mag Café**（见109页）、**Ugo**（见109页）和**Bar Rita**（见109页）畅饮，然后吃一顿慢食（Slow Food）——我们推荐**Le Vigne**（见10_页）。饭后再去**Nibada Theatre**（见1__页）听一场蓝调音乐会。

没时间?

我们将米兰和湖区的所有必游看点融入这些按天规划的行程中，确保你能在有限的时间内看到这里最美的一面。

第三天

无论你住在哪个区域，一定要在久负盛名的**Gattullo**（见104页）吃顿早饭，尝尝奶油十足的sfogliatella加糖里科塔奶酪（ricotta）馅饼]和野草莓馅饼。然后往西走，上午逛逛**国家科技博物馆**（见95页），途中别忘了参观**圣安布罗基奥大教堂**（见95页）内众多的中世纪珍宝。**De Santis**（见96页）在达·芬奇的机器模型和17世纪的威尼斯星盘之间，你不妨坐下，吃个美味三明治。

午饭后，在**圣毛里齐奥教堂**（见95页）欣赏伯纳迪诺·吕伊尼（Bernardino Luini）的环形壁画，试试能不能找到那位被折磨得最惨的圣人。从这里往北，去**米兰三年中心**（见75页）研究一下米兰的时装设计脉络。如果天气晴朗，可以登上**布兰卡塔**（Torre Branca，见75页），将整个森皮奥内公园（Parco Sempione）的景色尽收眼底。然后直奔**和平门**（见75页），在那里找一家酒吧，趁着欢乐时光畅饮。

布雷拉的美丽鹅卵石小巷是你结束今天游览的地方，去**Ristorante Solferino**（见77页）或迷人的**Latteria di San Marco**（见77页）吃顿米兰风味大餐吧。

第四天

乘坐火车出城，前往科莫，从大宅林立的**Passegiata Lino Gelpi**（见132页）走到**奥尔默别墅**（见132页），欣赏沿途的美丽建筑。或者直奔位于马焦雷湖的斯特雷萨，在那里登上开往**博罗梅奥岛**（见118页）的水上飞机，探索某个奢华的博罗梅奥宫殿或花园。在位于斯特雷萨的**Ristorante Il Vicoletto**（见122页）或位于科莫的**Natta Café**（见134页）吃顿湖边传统特色餐。

下午只需放松休息就好——毕竟你是在度假嘛！在马焦雷湖边的**塔兰托别墅**（见123页）散步，边走边欣赏温室，并在郁金香和山茶花丛中野餐，或者乘坐科莫湖短途水上飞机前往**贝拉焦**（见128页）。到达贝拉焦后，你可以在湖边沙滩上休息，也可以乘坐**Barindelli's**（见129页）的超豪华游艇游玩。

累并快乐着的你乘坐火车返回米兰的**宝格丽酒店**（Bulgari Hotel；见80页），把鸡尾酒、典藏陈酿和美味寿司欢乐时光等美好的回忆一同收拾进行李。

行前参考

更多信息，见143页
生存指南

货币
欧元（€），€1=¥7.74

语言
意大利语

签证
持中国护照前往米兰需要申根签证，签证详情请登录官网了解：www.vfsglobal.cn/italy/china/chinese。

现金
自动柜员机随处可见，大部分餐馆和酒店接受信用卡。部分大商场接受银联卡，注意是否贴有银联标志。在米兰刷卡比较方便，但维萨卡和万事达卡比较常见。可取少量现金带在身上，但要注意扒手！

手机
欧洲和澳大利亚的手机可以使用当地SIM卡，其他电话必须办理漫游。可以办理当地电话卡，或者为国内手机卡开通国际漫游，临行前可在国内咨询相关运营商的优惠套餐，如中国移动推出了“欧洲七天包”套餐等。

时区
欧洲中部时间（GMT+1）。比北京时间晚7小时，夏令时（3月最后一个周日至10月最后一个周日）比北京晚6小时。

插座和转换器
意大利使用2个或3个圆头的插座，电压220伏、50赫兹，但比较老旧的房屋可能电压仍为125伏。

小费
餐馆如果不收服务费，就留消费额的10%作为小费。在酒吧，留下找零就够了（€0.10或€0.20）。搭乘出租车一般不用支付小费。

① 出发前

每日预算

经济：少于€110
- 宿舍铺位 €20~35
- 在市场和熟食店买食物自己做饭
- 欢乐时光的鸡尾酒和自助餐 €8~20

中档：€110~200
- 酒店双人间 €110~200
- 当地餐馆一顿含葡萄酒的两道主菜午
€25~45

高档：高于€200
- 四星级酒店双人间 €200~800
- 米其林星级餐厅一顿讲究的晚餐 €150
- 斯卡拉歌剧院的好座位 €85~210

网络资源

孤独星球（www.lonelyplanet.com/milan
供目的地信息和预订等服务。

Milan City Tourism（www.turismo.milano.
米兰的官方旅游门户网站。

Vivimilano（www.vivimilano.it）《米兰
报》（*Corriere della Sera*）上列出的餐馆
化活动清单。

意大利旅游局中国官网：www.visitaly.cn/

提前计划

提前3个月 预订参观《最后的晚餐》和
拉歌剧院的票；如果打算在时装周（Fash
Week）或米兰家具展（Salone del Mobile
间来，还得预订酒店。

提前1个月 预约高级餐馆位子、足球比
和服装定做。

提前1周 预订热门俱乐部之夜的活
票，通过www.vivimilano.it网站知道
画廊新开张，安排干洗衣物（不拘小
例外）。

2 抵达米兰

马尔本萨（Malpensa）机场、利纳特
inate）机场，或者中央车站是主要的游客
达地。机场和火车站都有公共交通和出租
。Malpensa Express的快车（下文简称"快
"）开往中央车站和卡多尔纳。

从米兰马尔本萨机场出发

目的地	最佳交通方式
大教堂广场	开往中央车站的快车，开往大教堂的M3线地铁
森皮奥内公园	开往卡多尔纳的快车
纳维利	开往卡多尔纳的快车，开往Porta Genova的M2线地铁
马焦雷湖	开往中央车站的快车，换乘开往斯特雷萨的火车
科莫湖	开往卡多尔纳的快车，换乘开往Como Nord Lago（Stazione FNM）的火车

从米兰利纳特机场出发

目的地	最佳交通方式
大教堂广场	开往圣巴贝拉广场的ATM城市公共汽车，开往大教堂的M1线地铁
金色四边广场	开往圣巴贝拉广场的ATM城市公共汽车或出租车
纳维利	开往文艺复兴广场的ATM城市公共汽车，开往Porta Genova的9路有轨电车
马焦雷湖	开往中央车站的出租车或城市公共汽车，换乘开往斯特雷萨的火车

3 当地交通

米兰的公共交通系统平价而高效。通过步行、乘坐地铁或有轨电车，大多数游客可以去往想去的任何地方。性价比最高的是有效期内不限次乘坐公共汽车、有轨电车和地铁的1日/2日通票。

M 地铁

米兰的地铁由4条地下路线（红色的M1线、绿色的M2线、黄色的M3线和淡紫色的M5线）和被称为Passante Ferroviario的蓝色城郊铁路组成。地铁运行时间为6:00至次日00:30。如果乘坐单次地铁，或乘坐ATM公共汽车和有轨电车不超过1.5小时，票价为€1.50。不限次乘坐公共交通的1日/2日通票价格为€4.50/8.25，可以在地铁站、烟摊和报摊买到。

有轨电车

米兰的有轨电车既有深受游客喜爱的20世纪初的老旧橙色电车，也有现代化的轻轨机动车，它们去往城里的各个角落。有轨电车的运行时间与地铁相近，车票必须提前购买并在上车时激活。需要记住的重要有轨电车线路如下：1路、2路和3路（均开往大教堂），9路（环绕城市，开往Porta Genova），以及29路和30路（开往中环线和Porta Venezia）。

出租车

只能在指定的出租车停靠站打车，不能随意在路上拦车。也可以致电☎02 40 40、☎02 69 69或☎02 85 85叫车。注意：车费是从电话接通时而不是上车时开始计算。市内短途打车费用平均€10。

米兰和湖区
区域速览

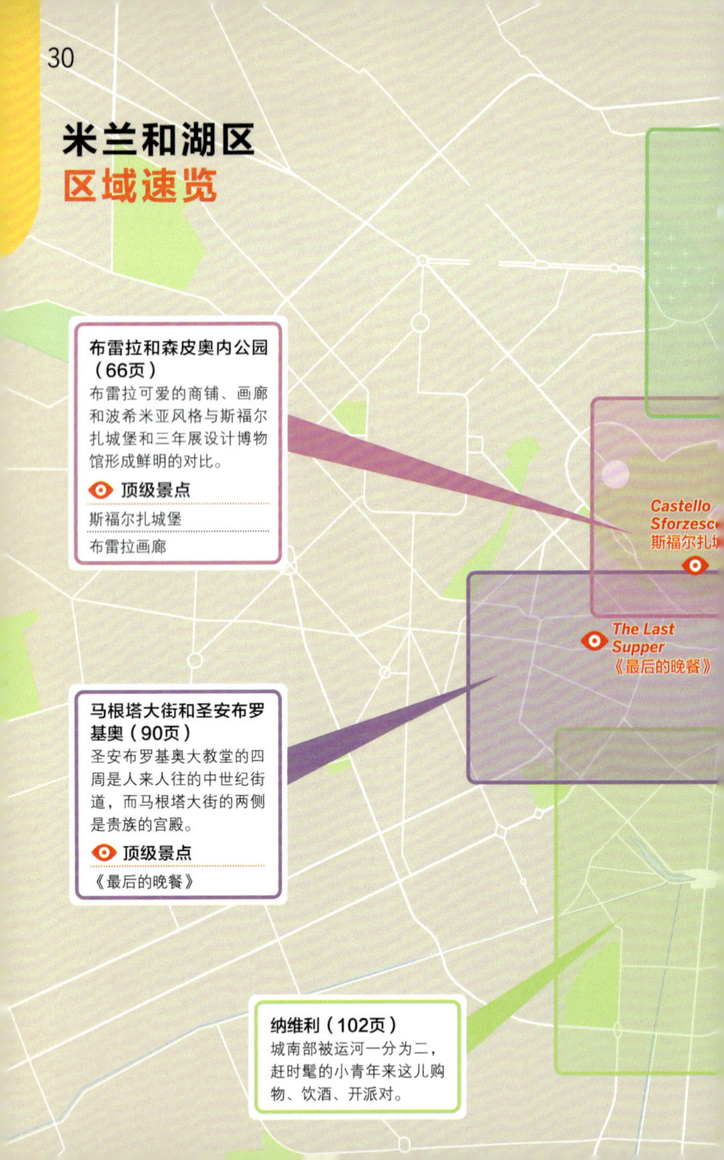

布雷拉和森皮奥内公园（66页）

布雷拉可爱的商铺、画廊和波希米亚风格与斯福尔扎城堡和三年展设计博物馆形成鲜明的对比。

顶级景点

斯福尔扎城堡

布雷拉画廊

马根塔大街和圣安布罗基奥（90页）

圣安布罗基奥大教堂的四周是人来人往的中世纪街道，而马根塔大街的两侧是贵族的宫殿。

顶级景点

《最后的晚餐》

纳维利（102页）

城南部被运河一分为二，赶时髦的小青年来这儿购物、饮酒、开派对。

加里波第门和伊索拉（82页）

位于米兰新门(Porta Nuova)的亮晶晶的摩天大厦和熙熙攘攘的加里波第大街(Corso Garibaldi)显示出米兰现代化的一面。伊索拉不像前两者那么炫目，但生机勃勃，拥有超酷的多元文化氛围。

金色四边广场和大众花园（50页）

米兰的高档地段，衣香鬓影的戏院在鹅卵石街道两边鳞次栉比，侧面是一个精致宜人的花园。

顶级景点

波尔蒂·佩佐利博物馆

大教堂及周边（34页）

米兰古迹集中的地方，大教堂的双塔和维托伊曼纽二世拱廊(Galleria Vittorio Emanuele II)最醒目。

顶级景点

大教堂

二十世纪博物馆

马焦雷湖及周边（116页）

马焦雷湖气候温和舒适，岸边有许多大别墅和美丽的花园。

顶级景点

博罗梅奥岛

科莫湖及周边（126页）

迷人的村庄在科莫湖边星罗棋布，其中包括讨人喜欢的贝拉焦。

顶级景点

贝拉焦

PRADA
PRADA

探索
米兰和湖区

值得一游

最佳步行游览

了解米兰和湖区

维托伊曼纽二世拱廊（见43页）

探索

大教堂及周边

米兰的市中心很紧凑，便于游览。宏伟的米兰大教堂矗立在一个开阔的广场上，那里游客和小商贩人头攒动。在这里，无论是追寻上帝，还是购物、音乐，抑或艺术，都可以如你所愿，也可以前往集四者于一体的维托伊曼纽二世拱廊、斯卡拉歌剧院、内利宫的画廊以及意大利美术馆。

一日游行程

早点去**大教堂**（见36页）看清晨的阳光穿过彩绘玻璃窗，并在装饰着怪兽状滴水嘴的矮墙四周闲逛。如果天气晴朗，你或许能在房顶远眺阿尔卑斯山（Alps）。上午在**Terrazza Aperol**（见47页）歇歇脚，喝一杯spritz（一种用普罗塞克葡萄酒调制成的鸡尾酒），然后去**内利宫**（见43页）欣赏展览。

午餐在**Trattoria Milanese**（见45页）品尝意式藏红花烩饭，然后去**二十世纪博物馆**（见40页）看现代派展品，或者去**意大利美术馆**（见44页）参观18世纪和19世纪的伦巴第（Lombard）绘画。结束参观后，在**Giacomo Caffè**（见47页）喝杯咖啡提提神，接下来去**圣沙弟乐圣母堂**（见44页）细细揣摩布拉曼特（Bramante）笔下的视错觉画。现在该随着人群一起欣赏**维托伊曼纽二世拱廊**（见43页）的展示窗了。

晚上在**Camparino in Galleria**（见46页）喝鸡尾酒，或者在**SignorVino**（见47页）品尝葡萄酒，看看**剧院**（见47页）在上演什么剧目。喜爱歌剧和芭蕾舞的人需要提前订好**斯卡拉歌剧院**（见47页）的票。

顶级景点

大教堂（见36页）

二十世纪博物馆（见40页）

米兰最佳

历史景观

大教堂（见36页）

安布罗西亚纳图书馆和美术馆（见44页）

意大利美术馆（见44页）

就餐

Cracco（见45页）

Trattoria Milanese（见45页）

文化体验

内利宫（见43页）

斯卡拉歌剧院（见47页）

格拉西剧院（见48页）

到达和离开

Ⓜ 地铁 在大教堂乘坐东西向的红线（M1线），这条路线经过大教堂门口。南北向的黄线（M3线）从中央车站开来，在大教堂也有一站。

有轨电车 在大教堂广场上设有站点的有轨电车不计其数，最有用的是1路、2路、3路、15路和9路有轨电车。

顶级景点
大教堂

用粉红色坎多吉亚大理石（Candoglia marble）建造的米兰大教堂恰如其分地反映出这个城市生机勃勃的创造力和雄心壮志。1387年，第一位设计师是吉安加莱亚佐·维斯孔蒂（Giangaleazzo Visconti），但人们认为他的设计不现实。为了把沉重的大理石运进市中心，必须挖凿运河，为了运输前所未有的体量的大理石，配合运输的新技术诞生了。如今，大教堂珍珠白色的正面仿佛是罗马教皇的三重冠，其极度精美奢华的细节令人叹为观止。

见42页地图，C3

www.duomomilano.it

大教堂广场

通往屋顶的楼梯/电梯 €8/13

大教堂 7:00~18:40，屋顶露台 9:00~18:30，洗礼堂周二至周日 10:00~18:00

M Duomo

大教堂内部

不要错过

外部

虽然在意大利国王的宝座上待的时间不长，但拿破仑（Napoleon）主动出资，资助大教堂在1805年他加冕时竣工。新哥特式细节层层叠叠，不仅尊重最初的设计，还颇有先见之明地验证了一个颠扑不破的时尚理念：一切古老的都会重新流行。高高的尖塔、细细的塔顶、墙壁、拱顶和3000多座塑像大多是19世纪的作品。

屋顶露台和灯塔

登上屋顶露台，135个精美的塔尖以及支撑它们的众多飞拱触手可及。露台中央是15世纪的八边形灯塔和塔尖，塔顶是金色的圣母像（Madonnina，1774年竖立）。几个世纪以来，圣母像一直是城里的最高点（108.5米），但1958年建造的倍耐力（Pirelli）摩天大厦把它比下去了。

内部

最初的设计能容纳当时米兰的大约4万人口，但这座优雅、激情四射和才华横溢的建筑足以让21世纪的人们爱上中世纪风格。一旦你的眼睛适应了教堂内部暗淡的光线和超现实的比例（52根柱子支撑着5个中厅），就抬头使劲往上看吧，那里有基督教世界最大的彩绘玻璃。

地面

在欣赏大教堂的其他瑰宝之前，先低下头，看看面积达1.2万平方米的彩色大理石地面。这个构思是Pellegrino Tibaldi提出的，花了400年才完工。粉红色和白色的坎多吉亚大理石石块是从教堂所属的梅戈佐（Mergozzo，加莱佐将这些矿永久地赠予大教堂）大

☑ 独家贴士

- 宝库、地下室、洗礼池和屋顶开放时间各异，详情见网站。
- 持价格为€13的联票可以参观屋顶露台、洗礼池和宝库，很划算。
- 爬165级台阶上楼比乘坐小小的电梯更快，因为电梯那里总是排长队。
- 如果购买特殊的摄影票（€2），或许可以在大教堂内部拍照。

吃喝落脚点

在Giacomo Caffe（见47页）小口啜饮咖啡，或直奔阳光灿烂的Terrazza Aperol（见47页）屋顶喝杯spritz鸡尾酒。

在Trattoria Milanese（见45页）吃一顿同样传统的午餐。

理石矿开采的，镶嵌在粉红色和白色大理石之间的黑色和红色大理石分别来自瓦伦纳（Varenna）和阿尔佐（Arzo）。

日晷

在主入口的地板上，你可能会注意到一个内衬有黄道十二宫的黄铜带。实际上，它是18世纪的日晷，于1768年由来自布雷拉学院（Accademia di Brera）的天文学家安装。阳光从南过道上方拱顶的一个孔洞投下，投射到日晷的不同点上，根据光线的长度（取决于不同季节）就能知道天文学的正午。这个装置是如此精确，以致19世纪之前城里所有的钟表都以它为准。

圣巴塞洛缪像

1562年的圣巴塞洛缪（St Bartholomew）像是大教堂最不寻常的塑像之一，作者是达·芬奇的学生马克·达格拉特（Marco d'Agrate）。它描绘了圣巴塞洛缪在受刑后皮肤被剥离躯体、像斗篷似的挂在脖子上的场景。对于16世纪的雕塑家而言，圣巴塞洛缪是他们钟爱的主题——既能炫耀他们对解剖知识的了解，又能展示其雕刻才华。

十字形翼

把中殿一分为二的十字形翼尤为精美。两端各有一个以多色彩大理石装饰的圣坛，北侧的"树上圣母祭坛"（Altar to the Virgin of the Tree）最华丽。"树上

Milan Duomo
米兰大教堂

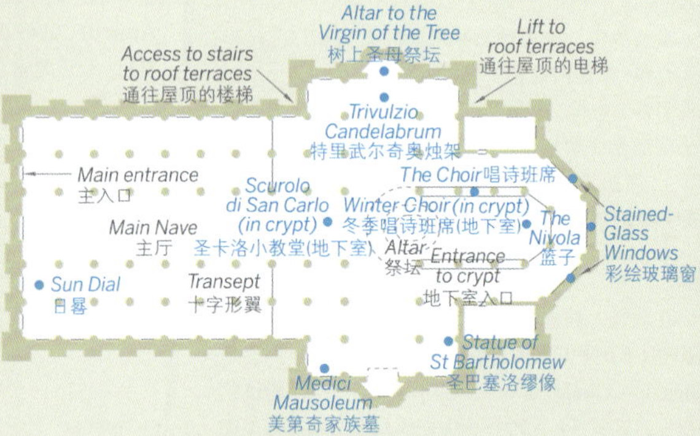

圣母祭坛”前方是5米高的特里武尔奇奥(Trivulzio)烛架,它是中世纪青铜制品的代表作,烛架上的7支烛台都镶嵌着宝石。

唱诗班席

1614年完工的唱诗班席由Pellegrino Tibaldi设计,由Paolo de' Gazzi、Virgilio del Conte和陶里尼(Taurini)兄弟雕刻。三层雕刻分别描绘了米兰两位主教Anatalone和加尔迪诺(Galdino)的生平(底部)、殉教的圣人(中部)以及圣安布罗斯(St Ambrose)的生平(顶部)。

篮子

拱顶上一道红色光线标示着大教堂最珍贵的圣物所在处:那里藏有一枚据说是来自耶稣受难十字架上的钉子。每逢一年一度的举荣圣架节(Feast of the Exaltation of the Cross,离9月14日最近的周日),大主教会坐在装饰好的篮子(nivola)里升上屋顶,而这枚钉子也将展览3天。

地下室

从唱诗班席开始,台阶向下通往又名“冬季唱诗班席”(Winter Choir)的地下室。这个宝石般的圆形小教堂由Tibaldi设计,有红色的斑岩柱子、彩色大理石地板和灰泥天花板,匣子里保存着多位圣人和殉教者的遗骸。木质唱诗班席环绕地下室一圈。

圣卡洛小教堂

穿过地下室唱诗班席的缺口,一条黑洞洞的走廊通往放置圣人卡洛·博罗梅奥(Carlo Borromeo,米兰红衣大主教;1564~1584年)遗体的纪念小礼拜堂。遗体装在银色圣坛顶部的水晶匣子内。

RICHARD I'ANSON / GETTY IMAGES ©

大教堂屋顶

Veneranda Fabbrica del Duomo

米兰大教堂的建造耗时数百年,因此必须创建一个负责管理教堂各项活动和维修教堂的“工厂”。Fabbrica del Duomo从1387年起负责监督大教堂施工情况,直至1965年最后一扇大门安装完成。今天,Fabbrica del Duomo继续承担修复和维护教堂的工作。可以在梅戈佐湖参观“工厂”的大理石采石场,就在马焦雷湖附近。

顶级景点

二十世纪博物馆

墨索里尼（Mussolini）的阿仁伽里奥宫（Palazzo dell' Arengario）是欣赏大教堂外观的好地方，它矗立在大教堂广场上，墨索里尼昔日曾在那里对米兰人民发表长篇大论。如今它成了米兰的二十世纪博物馆。博物馆的中轴是一条未来主义风格的螺旋形坡道[向古根海姆（Guggenheim）博物馆致意]，下面几层很狭窄，但波丘尼（Boccioni）、坎皮利（Campigli）、乔治·德·基里科（Giorgio de Chirico）和马里内蒂（Marinetti）等大师的作品会让你忽略各种不适。

见42页地图，C3

www.museodelnovecento.org

Via Marconi 1

成人/优惠 €5/3

周一 14:30~19:30，周二、周三、周五和周日 9:30~19:30，周四和周六 至22:30

M Duomo

二十世纪博物馆内部

不要错过

阿仁伽里奥宫

朴素的阿仁伽里奥宫由两栋对称的建筑组成，每栋建筑的正面都有3层拱廊。阿仁伽里奥宫建于20世纪50年代，设计者是皮耶罗·波尔塔鲁皮（Piero Portaluppi）、乔凡尼·穆齐奥（Giovanni Muzio）、Pier Giulio Magristretti和恩里科·格里菲尼（Enrico Griffini）等大腕，浅浮雕来自米兰雕塑家阿尔图罗·马蒂尼（Arturo Martini），他的作品如今是该展馆的特色。“arengario”得名于该建筑最初的用途：法西斯时期，这里是政府所在地，官员们站在建筑的阳台上对当地民众发表长篇演讲（arringa）。

藏品

馆内的永久性藏品是对20世纪现代艺术的讴歌，尤以米兰土生土长的天才艺术家作品为主。展厅按年代顺序布展，从Volpedo刻画罢工工人的新印象派绘画《第四等级》（*Il Quarto Stato*, *The Fourth Estate*；1901年），到翁贝托·波丘尼（Umberto Boccioni）、卡洛·卡拉（Carlo Carra）、吉诺·塞韦里尼（Gino Severini）和贾科莫·巴拉（Giacomo Balla）等未来派大师生机盎然的作品，再到抽象主义、超现实主义、空间主义和贫穷艺术（Arte Povera）。展品从社会学的角度解说了意大利在两次世界大战和进入科技时代后的艺术轨迹。

Giacomo Arengario

这个能俯瞰大教堂的3层法式小馆（bistro；☎02 7209 3814；www.giacomoarengario.com；餐€50~60；⏲正午至午夜；❄）堪称亮点，以豪华装饰艺术风格装修内部。大名鼎鼎的美食包括鱼类、松露和野味。白天在店里欣赏大教堂的塔尖，晚上则可以凝望大教堂宝石般的彩绘玻璃窗。

☑ 独家贴士

- 建议参加导览游，有意大利语、英语和法语可选。
- 要看到最美的大教堂风景，一定得去屋顶露台，头顶上是卢西奥·丰塔纳（Lucio Fontana）的作品，是由荧光灯管组成的曲线形霓虹灯：*Luce Spaziale: Struttura al-Neon*（1951年）。
- 有一座天桥连接阿仁伽里奥宫和内利宫（见43页）。

吃喝落脚点

Giacomo Arengario有3层，提前预约午餐以确保能抢到露台座位。

晚上，穿过大广场，在Straf Bar（见47页）跟俊男靓女们一起喝酒。

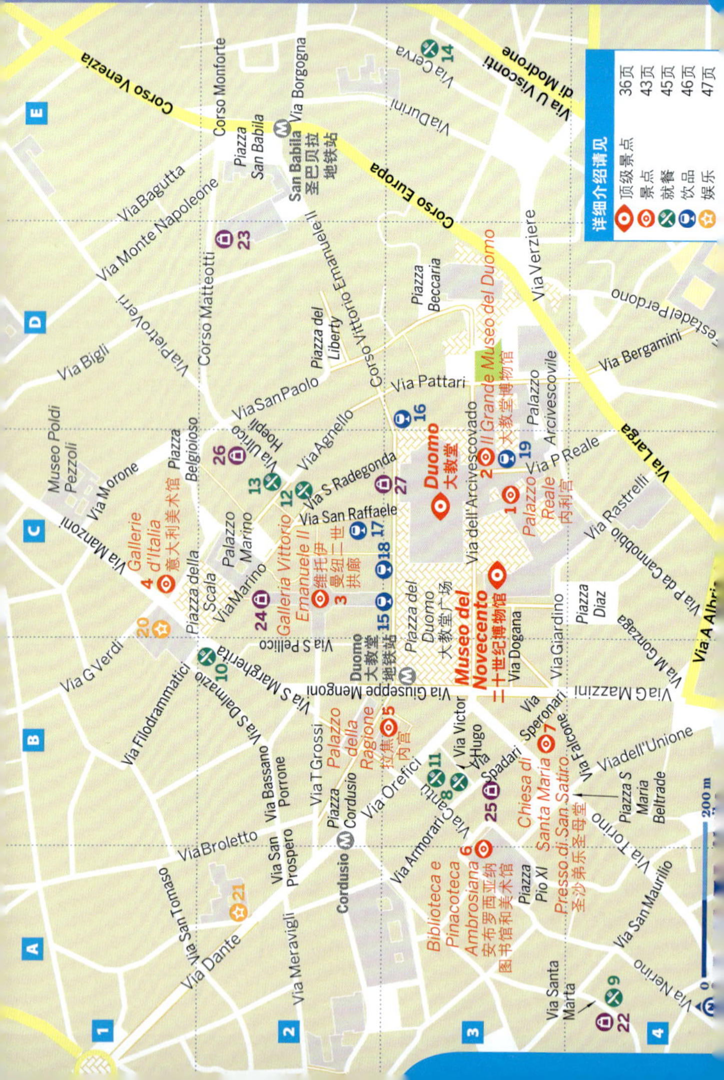
详细介绍请见
顶级景点 36页
景点 43页
就餐 45页
饮品 46页
娱乐 47页
Duomo
大教堂
Museo del Novecento
二十世纪博物馆
Galleria Vittorio Emanuele II
维托伊曼纽二世拱廊
Gallerie d'Italia
意大利美术馆
Palazzo della Ragione
拉焦内宫
Biblioteca e Pinacoteca Ambrosiana
安布罗西亚纳图书馆和美术馆
Chiesa di Santa Maria Presso di San Satiro
圣沙弟乐圣母堂
Il Grande Museo del Duomo
大教堂博物馆
Palazzo Reale
内利宫
Piazza del Duomo
大教堂广场
Duomo
大教堂
地铁站
San Babila
圣巴贝拉
地铁站
Cordusio
Corso Venezia
Corso Europa
Via Larga
Via U Visconti di Modrone
Corso Monforte
Corso Matteotti
Corso Vittorio Emanuele II
Via Manzoni
Via Monte Napoleone
Via Bagutta
Via Borgogna
Via Bigli
Via Pietro Verri
Via Morone
Museo Poldi Pezzoli
Piazza Belgioioso
Piazza della Scala
Palazzo Marino
Via Marino
Via Ulrico Hoepli
Via San Paolo
Piazza del Liberty
Via Agnello
Via S Radegonda
Via San Raffaele
Via Pattari
Piazza Beccaria
Via Durini
Via Cerva
Piazza San Babila
Via Verziere
Via Bergamini
Via Pecorari
Palazzo Arcivescovile
Via dell'Arcivescovado
Via P Reale
Via Rastrelli
Via P da Cannobio
Via A Albricci
Piazza Diaz
Via M Gonzaga
Via Mazzini
Via Giardino
Via Dogana
Via Giuseppe Mengoni
Via S Pellico
Via S Margherita
Via G Verdi
Via Filodrammatici
Via S Dalmazio
Via Bassano Porrone
Via T Grossi
Piazza Cordusio
Via Orefici
Via Victor Hugo
Via Cantù
Via Spadari
Via Speronari
Via Falcone
Via dell'Unione
Piazza S Maria Beltrade
Via Torino
Via Armorari
Piazza Pio XI
Via San Maurilio
Via Nerino
Via Santa Marta
Via Broletto
Via San Prospero
Via Meravigli
Via Dante
Via San Tomaso
200 m

景点

为利宫 博物馆、宫殿

1 见42页地图，C3

玛丽亚·特里萨女王（Empress Maria Theresa）最喜爱的建筑师Giuseppe Piermarini设计了这座市政厅兼维斯孔蒂宫殿，使之成为18世纪末新古典主义建筑的扛鼎之作。极为优雅的内部完全毁于“二战”的炮火，为揭示战争的无情破坏，**Sala delle Cariatidi**厅保留了原状。这个曾经奢华的宫殿如今展出安迪·沃霍尔、夏加尔（Chagall）、达·芬奇和乔托（Giotto）等人的作品，吸引了大批真正的艺术爱好者。（☎02 87 56 72；www.comune.milano.it/palazzoreale；Piazza del Duomo 12；门票各异；⏲展览 周一 14:30~19:30，周二、周三、周五和周日 9:30~19:30，周四和周六 至22:30；Ⓜ Duomo）

大教堂博物馆 博物馆

2 见42页地图，C3

新建的大教堂博物馆由Guido Canali设计，亮晶晶的展厅感觉像是《权力的游戏》（*Game of Thrones*）某一集的取景地。滴水怪兽从阴暗处送来秋波，一道道光线射向传令天使的翅膀，一个本应该放在高高的圣坛上的铜神像闪闪发光。展品很有趣，26个展室经过精心设计，通过价值连城的雕塑、绘画、彩绘玻璃、挂毯和珠宝镶嵌的饰品讲述了大教堂600年的建造史。（Il Grande Museo del Duomo；www.museo.duomomilano.it；Piazza del Duomo 12；成人/优惠 €6/4；⏲周二至周日 10:00~18:00；Ⓜ Duomo）

维托伊曼纽二世拱廊 历史建筑

3 见42页地图，C2

新古典主义风格的维托伊曼纽二世拱廊由钢筋和玻璃建造，这个被当地人称为il salotto de Milano的高高建筑不仅是一个购物长廊，还是城里一流的“会客厅”。它的形状像个十字架，是从大教堂广场到马里诺广场（Piazza di Marino）和斯卡拉歌剧院大门夜晚散步路线（passeggiata）上的地标。2015年，一条新建的**高架步道**（www.highlinegalleria.com；Via Pellico 2；成人/优惠 €12/10；⏲9:00~23:00；Ⓜ Duomo）通往美术馆屋顶，在那里可以鸟瞰拱廊和全城。（Piazza del Duomo；Ⓜ Duomo）

> **了解当地**
>
> **购物长廊的迷信**
>
> 吉赛普·曼戈尼（Giuseppe Mengoni）设计的维托伊曼纽二世拱廊展示了当代米兰的风采。不幸的是，在1877年，离这项长达14年的工程竣工只有几周的时候，他从脚手架上跌下来摔死了。米兰人一直深信，如果你用脚后跟碾地面上那头马赛克瓷砖公牛的睾丸，然后再往反方向转3圈，就能避免重蹈那位设计师的悲剧。

意大利美术馆

博物馆

4 见42页地图，C1

意大利美术馆由3座奇妙而精美的宫殿组成，大量的嘉利堡基金会（Fondazione Cariplo）和联合圣保罗银行（Intesa Sanpaolo）收藏品是向18世纪和19世纪伦巴第绘画的致敬。从安东尼奥·卡诺瓦（Antonio Canova）的系列浅浮雕，到弗朗西斯科·海耶兹（Francesco Hayez）的浪漫主义杰作，展品占据了23间展室，忠实地记录了米兰对意大利雕塑的重振、19世纪爱国而浪漫的复兴主义（Risorgimento，统一时期）和启发20世纪初的未来主义所作出的突出贡献。（Gallerie d' Italia；www.gallerieditalia.com；Piazza della Scala 6；成人/优惠 €10/8；周二至周日 9:30~19:30；M Duomo）

拉焦内宫

画廊

5 见42页地图，B3

建于1228年至1251年的米兰“理性之宫”（Palace of Reason，Ragione意即“理性”）是仅存的几座中世纪建筑之一。古罗马风格的拱廊曾用作市场、拍卖地点和公共集会场所，当时法官在楼上有壁画的大厅里审判案件。经过修复后，拉焦内宫（无壁画）专门用于临时展出当代摄影作品。（Palazzo della Ragione；Broletto Nuovo；www.palazzodellaragionefotografia.it；Piazza dei Mercanti；成人/优惠 €12/10；周二、周三、周五和周日 9:30~20:30，周四和周六 至22:30；M Duomo）

安布罗西亚纳图书馆和美术馆

画廊、图书馆

6 见42页地图，A3

建于1609年的安布罗西亚纳图书馆是欧洲第一个公共图书馆，与学者的安静相比，它更象征着知识分子的狂热。馆藏超过75,000册和35,000篇手卷，包括珍贵的列奥纳多·达·芬奇手稿集《大西洋古抄本》（*Atlantic Codex*）。美术馆是后加的，陈列着14世纪至20世纪的意大利绘画，其中最著名的是卡拉瓦乔的《水果篮》（*Canestra di frutta*，*Basket of Fruit*），这幅画不仅开创了他的事业，也开创了意大利的超现实主义传统。（Biblioteca e Pinacoteca Ambrosiana；02 80 69 21；www.ambrosiana.it；Piazza Pio XI 2；成人/优惠 €15/10；周二至周日 10:00~18:00；M Duomo）

圣沙弟乐圣母堂

教堂

7 见42页地图，B3

在圣沙弟乐圣母堂完全看不到Zara、贝纳通（Benneton）和H&M那种花花绿绿的色彩。这个小教堂建在9世纪的殉教者圣沙弟乐（San Satiro）的陵墓顶部，卢多维科·斯福尔扎（Ludovico Sforza）看出了它的潜力，请建筑师多纳托·布拉曼特（Donato Bramante）在1482年把它翻新。工程的规模并未使他泄气：浅壁龛造成的视错觉使圣坛的背景看起来跟古罗马万神庙一模一样。（Chiesa di Santa Maria Presso di San Satiro；Via Speronari 3；周一至周六

Cracco

9:30~17:30，周日14:00~17:30；MDuomo）

就餐

Cracco
美食店 €€€

8 见42页地图，B3

明星大厨Carlo Cracco对米兰传统味道进行即兴创新。有芹菜、芜菁、黑松露和咖啡的烩饭（risotto al sedano, rapa, tartufo nero e caffè），与所有意大利北部传统米饭类菜肴都不一样。可以选择一份品尝套餐（€130和€160），点菜的事交给侍者去操心好了。（02 87 67 74；www.ristorantecracco.it；Via Victor Hugo 4；餐€130~160；周一和周六19:30至次日00:30，周二至周五12:30~14:30和19:30至次日00:30；MDuomo）

Trattoria Milanese
米兰菜 €€

9 见42页地图，A4

这家地道的饮食店像个好久不见的老友，用满杯的葡萄酒、大份的传统米兰美食和气氛轻松的蔬菜自助餐欢迎你。常客静悄悄地走进他们心爱的餐馆，几乎不需开口，侍者就会端来他们常吃的食物：卷心菜包肉丸、蔬菜通心粉汤或美味无比的油炸调味饭（risotto al salto）。（02 8645 1991；Via Santa Marta 11；餐€30~45；12:30~14:30和19:00~23:30；2, 14）

Café Trussardi
意大利菜 €€

10 见42页地图，B2

无论是在吧台享用葡萄酒和炸根茎蔬菜脆片，还是坐在由帕特里克·布朗克（Patrick Blanc）设计的美丽垂直花园下方的庭院里，翻看着虽薄但常换的菜单，挑选美味酸奶薄荷烤羊肉，这里都是堪称米兰最有特色、最低调的餐馆之一。楼上的餐馆**Trussardi alla Scala**（☎02 8068 8201; www.trussardiallascala.com; Piazza della Scala 5; 套餐 €140起; ⏲周一至周五 12:30~14:30和20:00~22:30，周六 20:00~22:30; ❄; Ⓜ Duomo）由天才大厨Luigi Taglienti掌勺，烹制米其林星级大菜。（☎02 8068 8295; www.cafetrussardi.it; Piazza della Scala 5; 餐 €25~40; ⏲正午至次日00:30; Ⓜ Duomo）

Peck Italian Bar
意大利菜 €€

11 见42页地图，B3

跟古老的Peck（见49页）熟食店同属于一个老板。这家全天经营的餐馆午餐时间吸引着银行业和商务人士。与顾客一样，食物也很传统，服务迅速高效。（☎02 869 30 17; www.peck.it; Via Cantù 3; 餐 €35~45; ⏲周一至周六 11:30~21:30; ❄; Ⓜ Duomo）

Luini
快餐 €

12 见42页地图，C2

要吃意式油炸面包（panzerotti），就得来这家老牌餐馆。意式油炸面包以好吃的比萨面坯做皮，填满马苏里拉、菠菜、番茄、火腿或意式香肠，然后在木炭炉里油炸或烤熟。（www.luini.it; Via Santa Radegonda 16; 意式油炸面包 €2.50; ⏲周一 11:00~15:00，周二至周六 至20:00; 👪; Ⓜ Duomo）

GB Bar
三明治 €

13 见42页地图，C2

这家的帕尼尼意式三明治个儿大、好吃、便宜，用烟熏旗鱼、手撕猪肉、高级伦巴第奶酪和阿斯蒂（Asti）松露等食材做馅。有几张室外座椅，排队的人很多，但移动速度快。（Via Agnello 18; 三明治 €4~5; ⏲周一至周五 6:30~17:00，周六 至19:30; Ⓜ Duomo）

Trattoria da Pino
米兰菜 €

14 见42页地图，E3

在这个米其林星级餐馆林立的城市，平价餐馆Trattoria da Pino是一个完美的另类。客人们摩肩接踵地坐在自助餐厅风格的餐桌前，点各种混合煮肉（bollito misto）、家常意面和咖喱牛肉块。（☎02 7600 0532; Via Cerva 14; 餐 €20~25; ⏲周一至周六 正午至15:00; Ⓜ San Babila）

饮品

Camparino in Galleria
酒吧、咖啡馆

15 见42页地图，C3

自1867年维托伊曼纽二世购物长廊开张营业至今，这家新艺术风格的酒吧仍保存完好，威尔第（Verdi）、托斯卡尼尼（Toscanini）、古多维奇（Dudovich）和卡拉（Carrà）等名人曾是这里的客人。铸铁枝形吊灯以及饰以花鸟图案马赛克瓷砖的巨大落地玻璃墙表明，欢乐时光（见109页）来这儿喝一杯用金巴利（Campari）调制的饮品肯定错不了。（www.camparino.it; Piazza del Duomo 21; 饮品 €12~24; ⌚7:15~20:40）

SignorVino 葡萄酒吧

16 见42页地图，D3

SignorVino肩负着让酒徒们了解意大利葡萄酒种类的使命，是个葡萄酒商店、酒吧兼餐馆。提供600多瓶供品尝的葡萄酒，午餐和晚餐（餐€18~30起）是与之相配的不同地区风味的意大利菜肴。早点来，坐在能俯瞰大教堂的位置。（☎02 8909 2539; www.signorvino.it; Piazza del Duomo; ⌚周一至周五 8:00至午夜，周六和周日 9:00至午夜; Ⓜ Duomo）

Straf Bar 酒吧

17 见42页地图，C2

这家位于酒店内的酒吧特别酷，晚上的欢乐时光持续到很晚，足够让你喝到不省人事。装修是如今随处可见的异国情调：极简风格的水泥墙混搭着木头、金属和石头。（www.straf.it; Via San Raffaele 3; ⌚11:00至午夜; Ⓜ Duomo）

Terrazza Aperol 酒吧

18 见42页地图，C3

怪异的橙色铸模吧台、橙色灯泡和低矮的20世纪70年代座椅，营造出浓浓的《王牌大贱谍》（*Austin Powers*）气氛。这家酒吧专营经典的阿佩罗（Aperol）spritz。露台与宏伟华丽的大教堂仅一步之遥，只有带涡纹图案的天鹅绒正装才能配得上这良辰美景。（www.terrazzaaperol.it; Piazza del Duomo; 鸡尾酒 €12~17; ⌚周日至周五 11:00~23:00，周六 至午夜; Ⓜ Duomo）

Giacomo Caffè 咖啡馆

19 见42页地图，C3

这家古典咖啡馆隐藏在内利宫的某个拱廊下面，楼上有个安静的阅读室，是喝咖啡和早间spritz的好地方。19世纪风格的吧台上陈列着堆得高高的馅饼，薄薄的菜单里有简餐和沙拉。（www.giacomocaffe.com; Piazza Reale 12; ⌚8:00~20:00; Ⓜ Duomo）

娱乐

斯卡拉歌剧院 歌剧

20 见42页地图，C1

作为全球最著名的歌剧院之一，斯卡拉的歌剧演出季是12月初至次年7月。戏剧、芭蕾和音乐会全年上演（除8月外）。提前2个月网上或致电购票，或在中央**售票处**（Teatro alla Scala; ☎02 7200 3744; www.teatroallascala.org; Galleria Vittorio Emanuele II; ⌚正午至18:00; Ⓜ Duomo）购票。

没有排练的时候，你可以看看镀

金的剧院内部，或者参观隔壁的**博物馆**（斯卡拉博物馆，La Scala Museum；Largo Ghiringhelli 1；门票 €7；⏲9:00~12:30和13:30~17:30；Ⓜ Duomo）。有演出的日子，140张参观票会在开演前2小时内售罄（每人限购1张票），早点来排队。（La Scala；☎02 8 87 91；www.teatroallascala.org；Piazza della Scala；Ⓜ Duomo）

格拉西剧院 剧院

21 ☆ 见42页地图，A2

这家不景气的剧院由保罗·格拉西（Paolo Grassi）和戏剧导演乔尔焦·斯特雷勒（Giorgio Strehler）建造，1947年开业。后者开创了全国性的先锋运动和即兴喜剧的复兴。其姊妹剧院斯特雷勒剧院（Piccolo Teatro Strehler，见80页）举办芭蕾等加场演出。（Piccolo Teatro Grassi；☎02 4241 1889；www.piccoloteatro.org；Via Rovello 2；Ⓜ Cordusio）

购物

Wait and See 时装

22 🔒 见42页地图，A4

与Missoni、Etro和安娜·莫里那瑞（Anna Molinari）等国际品牌和设计师合作，Uberta Zambeletti在2010年发布了自己的服装。Wait and See充分体现了她的中性审美，展示不为大众熟知的品牌，出售专为本店设计的商品，例如，超级有趣的克洛多米罗（Clodomiro）牌T恤衫和Sartorio Vico针织项链。（☎02 7208 0195；www.waitandsee.it；Via Santa Marta 14；⏲周一 15:30~19:30，周二至周六 10:30~19:30；Ⓜ Duomo，Missori）

Moroni Gomma 家庭用品、饰品

23 🔒 见42页地图，D2

这个家庭经营的一站式时尚店出售大量令人爱不释手的小饰品以及非常适合浴室、厨房和办公室的物件，是购买时髦的米兰纪念品的好地方。恐怕只有意志最坚定的人才能忍住不买大教堂形状的咕咕钟、水粉色的复古电话机或经典的意大利防滑橡胶软底鞋吧。（☎02 79 62 20；www.moronigomma.it；Corso Matteotti 14；

当地生活

Antica Barbieria Colla

跟政客、足球明星和商务人士坐成一排，让侃侃而谈的Franco Bompieri在你的脸上盖毛巾、涂肥皂沫，贴着胡须根部剃须，做完后，你整个人焕然一新。1904年开业的**Antica Barbieria Colla**（☎02 87 43 12；www.anticabarbieriacolla.it；Via Gerolamo Morone 3；⏲周二至周六 8:30~12:30和14:30~19:00；Ⓜ Duomo，🚊1）是欧洲最古老的理发店之一，店里骄傲地陈列着曾经给普契尼（Puccini）梳头的发梳和自有品牌的剃须膏，古龙水无与伦比。

⌚周一 15:00~19:00，周二至周日 10:00~19:00；Ⓜ San Babila）

Borsalino 饰品

24 见42页地图，C2

亚历山德里亚（Alessandrian）的经典女帽品牌Borsalino与阿切勒·卡斯蒂格利奥尼（Achille Castiglioni）等设计大师合作，后者曾设计了布丁碗形状的圆顶硬礼帽。这家位于维托伊曼纽二世拱廊（见43页）的工厂店出售应季畅销货品。主要的展示间在**Via Sant' Andrea 5**（☎02 7601 7072；www.borsalino.com；Via Sant' Andrea 5；Ⓜ Montenapoleone）。（☎02 8901 5436；www.borsalino.com；Galleria Vittorio Emanuele II 92；⌚周一 15:00~19:00，周二至周六 10:00~19:00；Ⓜ Duomo）

Peck 食品、酒类

25 见42页地图，B3

米兰历史悠久的熟食店，虽然店面没有名气那么大，但它用品种花色弥补了面积的不足。面对着各种帕尔马干酪（parmigiano reggiano）以及堆成金字塔形状的巧克力、果仁糖、馅饼、现做意式冰激凌、海鲜、鱼子酱、肉饼、水果蔬菜、松露制品、橄榄油和香醋，会让人不由得心潮澎湃，感觉每种都难以取舍。（☎02 802 31 61；www.peck.it；Via Spadari 9；⌚周一 15:30~19:30，周二至周六 9:30~19:30；Ⓜ Duomo）

Hoepli International Bookstore 书籍

26 见42页地图，C2

意大利最大的书店，共有6层和大约50万本珍本古书，还设有英文图书区和德文图书区。别忘了浏览意大利文书架，当地的出版社以美丽的封面设计和独具匠心的标题绘画图案著称。（☎02 86 48 71；www.hoepli.it；Via Ulrico Hoepli 5；⌚周一至周六 10:00~19:30；Ⓜ Duomo）

La Rinascente 百货公司

27 见42页地图，C2

意大利最负盛名的百货公司没给“时尚之都”丢脸，意大利的时尚、法国的可爱和洛杉矶的潮流商品琳琅满目。地下一层有个“意大利制造”时装超市，顶层是新潮发廊Aldo Coppola。在7楼的食品超市购买美食纪念品（逛超市的时候别忘了看一看对面的大教堂）。（☎02 8 85 21；www.rinascente.it；Piazza del Duomo；⌚周一至周六 8:30至午夜，周日 10:00至午夜；Ⓜ Duomo）

探索

金色四边广场和大众花园

位于大教堂东北方的金色四边广场像海妖的歌声一样牢牢地吸引着全世界的奢侈品牌爱好者。简称为Monte Nap的Via Monte Napoleone街是构成金色四边广场的4条街道之一，其他3条分别为Via della Spiga街、Via Sant' Andrea街和Via Borgospesso街。东北方向的Corso Venezia大街围绕着大众花园——它建于19世纪，十分宜人。

一日游行程

在金色四边广场最雅致的咖啡馆**Sant' Ambroeus**(见62页)喝杯咖啡、吃个美味馅饼,开始一天的游览。跟着导游的讲解,参观展品异彩纷呈的**波尔蒂·佩佐利博物馆**(Museo Poldi Pezzoli,见52页),再去**莫兰多宫**(Palazzo Morando,见55页)仔细欣赏博洛尼尼伯爵夫人(Countess Bolognini)的瓷器和艺术品。从博物馆去莫兰多宫的路上,你得戴上墨镜并加快速度,否则四角区那些展示奢侈品的美妙橱窗会让你神魂颠倒。

午餐时间到了,你要去**Chic & Go**(见59页)享用美味三明治,在**La Veranda**(见55页)的回廊花园里品尝地中海食物,或者走进令人难忘的小巷深处狂逛老店**Bagutta**(见57页)。选择哪一家你都不会失望。

酒足饭饱后往北走,沿**大众花园**(见57页)弯弯曲曲的小径和池塘散步。或许可以在**帕狄里奥内当代艺术馆**(PAC,见57页)看一场摄影展览,或者别出心裁地前往**博斯基斯蒂法诺故居博物馆**(Casa Museo Boschi-di Stefano,见57页)了解一下未来主义艺术。在**Al Bu-fera**(见59页)和**HClub Diana**(见60页)畅享欢乐时光(见109页),然后在**Joia**(见58页)吃一顿清淡的素食晚餐。

想像当地人一样在金色四边广场购物,见54页。

顶级景点

波尔蒂·佩佐利博物馆(见52页)

当地生活

像当地人一样购物(见54页)

米兰最佳

艺术体验

波尔蒂·佩佐利博物馆(见52页)

博斯基斯蒂法诺故居博物馆(见57页)

帕狄里奥内当代艺术馆(见57页)

时装

Aspesi(见55页)

Mutinelli(见63页)

Doriani(见65页)

就餐

La Veranda(见55页)

Bagutta(见57页)

Pavé(见59页)

到达和离开

Ⓜ **地铁** 去金色四边广场,在黄线M3线的Montenapoleone站下车。

Ⓜ **地铁** 去大众花园南端,在Palestro站下车,去北端,在Porta Venezia站下车。两站都是红线M1线的地铁站。

Ⓜ **地铁** 去Corso Buenos Aires和博斯基斯蒂法诺故居博物馆,在Porta Venezia站乘车,在Lima站下车。

顶级景点

波尔蒂·佩佐利博物馆

24岁就继承了大笔财富的吉安·贾科莫·波尔蒂·佩佐利（Gian Giacomo Poldi Pezzoli）也继承了母亲对艺术的热爱。在欧洲旅行期间，后来成为伦敦维多利亚和阿尔伯特博物馆（Victoria & Albert Museum）的“住宅博物馆”赋予了他灵感。随着藏品数量的不断增加，佩佐利有了一个想法：把他的多处寓所改建成基于各重要艺术时期（中世纪、文艺复兴初期、巴洛克和洛可可）的系列历史主题展室。如今，这些展室（Sala d' Artista）本身就堪称艺术品。

见56页地图，A4

02 79 48 89

www.museopoldipezzoli.it

Via Alessandro Manzoni 12

成人/优惠 €10/7

周三至周一10:00~18:00

Montenapoleone

黑厅（Black Room），波尔蒂·佩佐利博物馆

不要错过

军械室

军械室（Sala d' Armi）是第一个落成的佩佐利"住宅博物馆"。新哥特风格的内部由斯卡拉歌剧院的布景师菲利普·佩罗尼（Filippo Peroni）设计，但毁于"二战"。新建的军械室由Arnaldo Pomodoro设计，内部看起来好似来自16世纪的《夺宝奇兵》。

大楼梯

新巴洛克风格的巨大楼梯（The Grand Staircase）盘旋着通往位于1楼的豪华寓所，寓所中央是一个由朱塞佩·贝尔蒂尼（Giuseppe Bertini）设计的豪华喷泉。黄铜小天使装饰原本打算用于波尔蒂纳里小教堂（Portinari Chapel，见107页），但佩佐利认为放在楼梯井里很相称。

展室

最初的寓所仅有4间主题房间在"二战"炮火中幸免于难，但其他房间都已经被精心修复好了：洛可可风格的粉饰灰泥展室（Stucco Room）、起初摆放着桃花心木和象牙展品的黑厅（Black Room）、古董慕拉诺玻璃制品展室（佩佐利的卧室），以及拜占庭风格的但丁书房（佩佐利放置珍藏品的屋子）。

藏品

作为收藏家，佩佐利的收藏热情限于武器、装饰艺术和文艺复兴时期的绘画。逐个展室参观，欣赏福帕（Foppa）、Bergognone和吕伊尼（Luini）等伦巴第文艺复兴时期的大师，以及波提切利、贝利尼和比埃罗·德拉·弗朗西斯卡（Piero della Francesca）等托斯卡纳和威尼斯名家的作品，还有如今已然成为该博物馆象征的德尔·波莱欧罗（del Pollaiolo）杰作《女子肖像》（*Portrait of a Woman*）。名画之间还有威尼斯玻璃制品和18世纪陶瓷展品，小展柜里的珠宝熠熠生辉。

☑ 独家贴士

- 波尔蒂·佩佐利博物馆周二闭馆。
- 除展室之外，博物馆还有独一无二的钟表藏品。
- 提供多种语言的导览游，时长约1小时。
- 该博物馆属于博物馆通票（Case Museo）系统（见58页），持通票购买米兰4座"住宅博物馆"门票可享受折扣。

吃喝落脚点

博物馆新建的**Pollaiolo Terrace**（11:00~18:00）位于一楼，气氛优雅、无懈可击，适合喝上一杯。

跟着街角购买时装的人潮前往出售美味帕尼尼意式三明治的Chic & Go（见59页）。店里的三明治非同寻常，馅料都是能买得到的最优质原料。

当地生活
像当地人一样购物

对女裙和夹克衫感兴趣的人可以逛金色四边广场，那里是全世界最有名的购物区之一，也是必游景点。鹅卵石街道古色古香，两边的橱窗里展示着意大利最出名的品牌。即使你对闪闪发光的时装完全不感兴趣，看看俊男靓女也是很赏心悦目的。

❶ 在Cova喝咖啡

在**Pasticceria Cova**（☎02 7600 5599; www.pasticceriacova.com; Via Monte Napoleone 8; ⏰周一至周六 7:30~20:30; Ⓜ Montenapoleone）喝咖啡、吃蛋糕，观察Monte Nap的花花世界。浑身饰品的太太们在酒吧里对着侍者厉声点单。它是米兰最古老的咖啡馆之一，于1817年开业，老板Antonio Cova是拿破仑的一个士兵。

❷ 古老的时尚

围绕**莫兰多宫**（☎02 8846 5735; www.costumemodaimmagine.mi.it; Via Sant' Andrea 6; 成人/优惠 €10/8.50; ⏲周二至周日 9:00~13:00和14:00~17:30; Ⓜ San Babila）散步，感受18世纪贵族的生活。博洛尼尼伯爵夫人的私人寓所里收藏着这个城市的平民艺术品，为参观者展示了一幅拿破仑时代的画卷。

❸ 游览"Monte Nap"

Via Monte Napoleone是"优雅"和"财富"的同义词，现在是金色四边广场最重要的街道，两边全是全球品牌店。夹在大牌之间的是保留下来的诸如**Aspesi**（☎02 7602 2478; www.aspesi.com; Via Monte Napoleone 13; ⏲周一至周六 10:00~19:00; Ⓜ San Babila, Montenapoleone）之类的传统品牌。

❹ 在四季酒店吃午饭

四季酒店是金色四边广场最绅士、最奢华的酒店。这个15世纪文艺复兴时期的女修道院，外表为新古典主义风格，有壁画和一个安静的拱顶回廊。在有9张室外餐桌的**La Veranda**（☎02 770 88; www.fourseasons.com/milan; Via Gesú 6/8; 餐 €80~90; ⏲正午至16:30和17:30~23:00; P ❄ ✎ 👪; Ⓜ Montenapoleone）吃顿晚饭，享受Sergio Mei烹制的曾获过大奖的美食。

❺ 巴加蒂·瓦尔塞基博物馆

（Museo Bagatti Valsecchi）

福斯托·巴加蒂·瓦尔塞基（Fausto Bagatti Valsecchi）和朱塞佩·巴加蒂·瓦尔塞基（Giuseppe Bagatti Valsecchi）热爱文艺复兴艺术，1878~1887年，他们把他们的**家**（☎02 7600 6132; www.museobagattivalsecchi.org; Via Gesù 5; 成人/优惠 €9/6; ⏲周二、周三和周五至周日 13:00~17:45，周四 至21:00; Ⓜ Montenapoleone）打造成一个活生生的15世纪博物馆。这些寓所按照曼图亚（Mantua）公爵宫殿的风格装饰，摆满了文艺复兴时期家具、挂毯和绘画。

❻ 在Via Manzoni购买家居用品

1921年，在奥梅尼亚（Omegna）成立的**Alessi**（☎02 79 57 26; www.alessi.com; Via Manzoni 14-16; ⏲周一 10:00~14:00和15:00~19:00，周二至周六 10:00~19:00; Ⓜ Montenapoleone）制作了超过2.2万种家用器皿。一些器皿如今被纽约现代艺术博物馆（MoMA）收藏，但所有的商品在这家旗舰店里都能看到。

❼ 在Via della Spiga做水疗

谁会不喜欢在Via della Spiga步行街购物呢？但是如果鹅卵石硌得脚疼，就从后门进入Hotel Baglioni酒店，在沙龙风格的咖啡馆来一杯加苏打水的金巴利酒，或者在酒店内的**Spiga 8 Spa**（☎02 4547 3111; www.baglionihotels.com; Hotel Baglioni, Via della Spiga 8; 护理 €80起; ⏲周一至周五 10:00~21:00，周六和周日 至19:00; Ⓜ San Babila）预约一次面部护理。

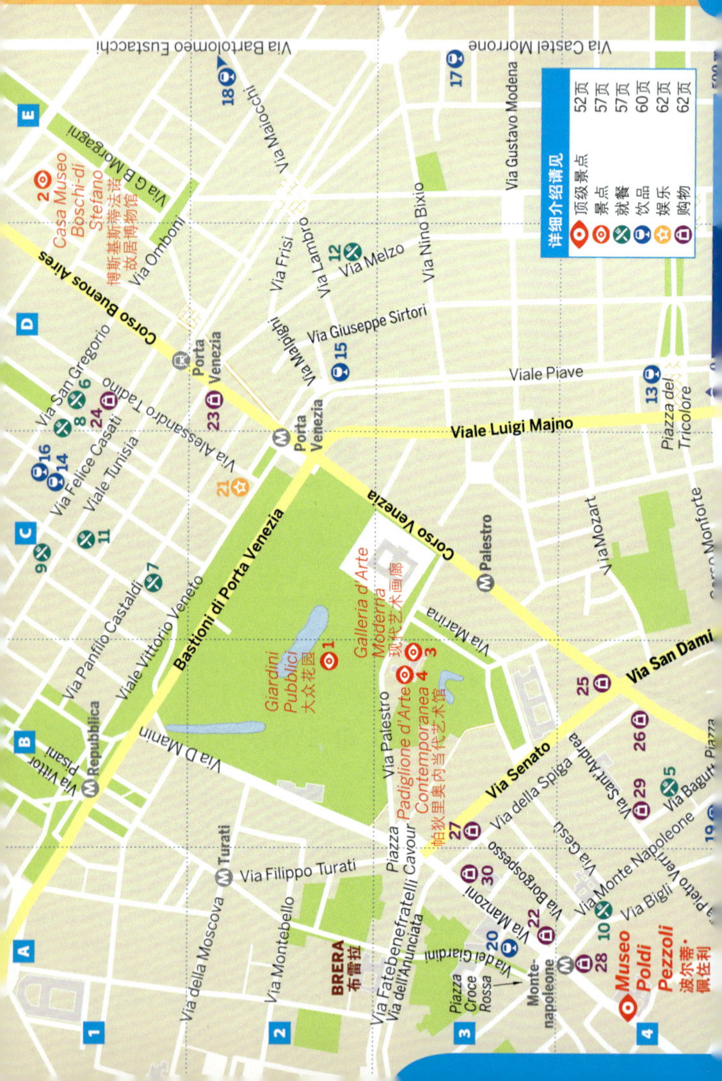
详细介绍请见
顶级景点 52页
景点 57页
就餐 57页
饮品 60页
娱乐 62页
购物 62页
Casa Museo Boschi-di Stefano
博斯基蒂法诺故居博物馆
Giardini Pubblici
大众花园
Galleria d'Arte Moderna
现代艺术画廊
Padiglione d'Arte Contemporanea
帕狄里奥内当代艺术馆
Museo Poldi Pezzoli
波尔蒂·佩佐利
BRERA
布雷拉
Corso Buenos Aires
Corso Venezia
Bastioni di Porta Venezia
Viale Luigi Majno
Viale Piave
Via Senato
Via San Damiano
Via Bartolomeo Eustacchi
Via Castel Morrone
Via Gustavo Modena
Via Nino Bixio
Via Giuseppe Sirtori
Via Melzo
Via Lambro
Via Frisi
Via Malpighi
Via Maiocchi
Via Omboni
Via G B Morgagni
Via San Gregorio
Via Felice Casati
Viale Tunisia
Via Alessandro Tadino
Via Panfilo Castaldi
Viale Vittorio Veneto
Via Vittor Pisani
Via D Manin
Via Palestro
Via Marina
Via Mozart
Piazza del Tricolore
Via della Spiga
Via Sant'Andrea
Via Borgospesso
Via Manzoni
Via Gesù
Via Monte Napoleone
Via Bigli
Via Bagutta
Via Filippo Turati
Via della Moscova
Via Montebello
Piazza Cavour
Via Fatebenefratelli
Via dell'Annunciata
Via dei Giardini
Piazza Croce Rossa
Porta Venezia
Palestro
Repubblica
Turati
Montenapoleone
A
B
C
D
E
1
2
3
4

景点

大众花园 花园

1 见56页地图，B2

沿着鹅卵石小巷走，经过碰碰车和一个旋转木马后，依次看到颠着足球的年轻人和接吻的情侣、一个卖啤酒的小亭子、婴儿车里的小婴儿、慢跑跑道以及树荫下的长椅。跟人们一起坐在长椅上晒太阳，或者停下来嗅嗅玫瑰花香。如果是阴天，新罗马风格的**自然历史博物馆**（Museo Civico di Storia Naturale, Natural History Museum; ☎02 8846 3337; Corso Venezia 55; 成人/优惠 €5/3; ⏰周二至周日 9:00~17:30; 👪; Ⓜ Palestro）很适合带孩子的家庭逛逛，展品奇特，有恐龙、化石、植被等立体模型，还有欧洲最大的地质学展览。（Giardini Pubblici; ⏰6:30至日落; Ⓜ Palestro）

博斯基斯蒂法诺故居博物馆 博物馆

2 见56页地图，E1

米兰最奇特的20世纪意大利绘画博物馆，位于一栋20世纪30年代的寓所内，外观看起来仍跟从前一样小资。摆放着前卫家具的沙龙内，展品异彩纷呈，收藏有大量向未来主义过渡的波丘尼（Boccioni）工笔画，坎皮利（Campigli）和德·基里科（de Chirico）思乡主题的形而上学画作，以及表现主义的无具形艺术品。（Casa Museo Boschi-di Stefano; ☎02 2024 0568; www.fondazioneboschidistefano.it; Via Giorgio Jan 15; 门票免费; ⏰周二至周日 9:00~19:30; Ⓜ Lima）

现代艺术画廊 画廊

3 见56页地图，B3

18世纪的皇家别墅，即拿破仑的米兰行宫，如今收藏着米兰的现代艺术品。藏品来自米兰望族的遗赠，包括大量19世纪和20世纪的意大利艺术品和国际艺术品，例如，新古典主义雕塑家卡诺瓦（Canova; 舞厅内）、未来派画家贾科莫·巴拉（Giacomo Balla）和翁贝托·波丘尼（Umberto Boccioni）的作品。（Galleria d'Arte Moderna, GAM; ☎02 7600 2819; www.gam-milano.com; Via Palestro 16; 成人/优惠 €5/3; ⏰周二至周日 9:00~17:30; Ⓜ Palestro）

帕狄里奥内当代艺术馆 画廊

4 见56页地图，B3

米兰当代画廊的鼻祖，艺术和设计交相辉映的场所。帕狄里奥内当代艺术馆是同类画廊中的佼佼者，有关摄影、多媒体和当代艺术的实验性展品正在不断增加。（Padiglione d'Arte Contemporanea, PAC; ☎02 8844 6359; www.pacmilano.it; Via Palestro 14; 成人/优惠 €8/6.50; ⏰周二、周三和周五至周日 9:30~19:30，周四 至22:30; Ⓜ Palestro）

就餐

Bagutta 米兰菜 €€€

5 见56页地图，B4

文化资源部（Ministry of Cultural

独家贴士

"住宅博物馆"通票

持住宅博物馆通票(Case Museo card;成人/优惠 €15/10;www.casemuseomilano.it)可优惠购买米兰4家历史悠久的住宅博物馆门票:巴加蒂·瓦尔塞基博物馆(见55页)、皮耶罗·波尔塔卢比(Piero Portaluppi)设计的**内基·坎皮里奥别墅**(Villa Necchi Campiglio;见56页地图,C4;Via Mozart 14;⏲周三至周日10:00~18:00)、博斯基斯蒂法诺故居博物馆(见57页)和19世纪的波尔蒂·佩佐利博物馆(见52页)。通票有效期6个月,持通票在博物馆的书店消费还能享受9折。在任何一家住宅博物馆都能买到通票。

Resources)把Bagutta称为"历史地标",但你的味蕾会将其称为"美味地标":从1920年这里就开始烹制令人大快朵颐的羊肉块搭配鼠尾草和戈尔根朱勒干酪(gorgonzola)菠菜泥丸子了。(☎02 7600 2767;www.bagutta.it;Via Bagutta 14;餐 €40~50;⏲周一至周六12:30~22:30;Ⓜ San Babila)

Corsia del Giardino 新派意大利菜 €€

得名于曾经位于Via Manzoni路边的花园,这家新派咖啡馆兼餐馆占据了紧邻主干道的一块绿地(见**28** 见56页地图,A4)。时尚的内部装修、雅致的菜单与个性十足的顾客——附近金色四边广场商店的员工——很相称,他们来店里吃一流的沙拉、用腌了18个月的帕尔马火腿制作的肉菜、艺术感十足的冰激凌和甜甜的水果挞。(☎02 7628 0726;www.corsiadelgiardino.it;Via Manzoni 16;餐 €20~30;⏲周一至周六 8:00~20:30,周日9:00起;Ⓜ Montenapoleone)

Gelato Giusto 意式冰激凌店 €

6 见56页地图,D1

这家意式冰激凌店是伦巴第豪华奶制品的圣殿:店里的每样食品都是百分百纯天然、手工制作并采用当地原料。此外,店主Vittoria还是一位巧克力制作大师,一直在研发开心果、肉桂加黑加仑,以及里科塔奶酪加苦橙等宜人的新口味。(☎02 2951 0284;http://gelatogiusto.it;Via San Gregorio 17;2/4个球 €2.50/4.50;⏲周二至周六 正午至23:00,周日 至21:00;👪;Ⓜ Porta Venezia)

Joia 意大利菜 €€€

7 见56页地图,C1

Joia以应季菜肴和清淡洁净的口感著称,菜品充满诗意[一道采用耶路撒冷圆洋蓟加上甜黑婆罗门参和石榴的冬季菜肴取名"雪毯之下"(Beneath a snowy white carpet)]。在吃腻了大鱼大肉的米兰菜之后,米其林星级大厨Pietro Leeman的素菜太令人愉快了。€40的午餐物超所值。(☎02 2952 2124;www.joia.it;Via Panfilo Castaldi 18;品尝套餐 €80;⏲周一至周五 12:30~14:30和19:30~23:00,周六

19:30至午夜；❄ ✍；Ⓜ Porta Venezia）

Al Bufera

西班牙小吃 €€

8 见56页地图，D1

米兰罕见西班牙小吃，这家由Alice和Matheus经营的美味西班牙小吃餐馆开创了先河。西班牙酿红椒（piquillo）里填入腌鳕鱼、蒜味加利西亚对虾和黑蹄猪（pata negra）火腿，与香草橄榄油面包和意面等传统的欢乐时光下酒菜相比，口味清淡宜人。这里也出售分量较大的肉菜烩饭和海鲜面（fideua，一种经典的西班牙面食），二者都加入了大虾和龙虾。（☎ 02 3668 6993；www.albufera.it；Via Lecco 15；西班牙小吃 €1.50~10，肉菜烩饭 €16~35；Ⓜ Porta Venezia）

Pavé

糕点

9 见56页地图，C1

不要白费力气跟别人争论frolla al cacao好不好吃，这种甜挞外面是面包糠，里面是美味的甘纳许巧克力，顶部还放着生巧克力块，好吃极了。毕竟，它是由糕点大师Diego、Luca和Giovanni缔造的梦幻甜品之一。也出售旧金山酵母面包、用里科塔奶酪和晒干番茄做馅儿的咸奶油蛋卷和杏仁小酥饼。（☎ 02 9439 2259；www.pavemilano.com；Via Felice Casati 27；糕点 €1.50~5.50，沙拉 €6.50；⏲ 周二至周五 8:00~20:00，周六和周日 8:30~19:00；✍；Ⓜ Porta Venezia）

Chic & Go

三明治 €

10 见56页地图，A4

只有在金色四边广场才能吃到龙虾帕尼尼意式三明治、白汁芦笋和藏红花调味干小麦沙拉。跟你料想的一样，这里只定做：按照自己的喜好选一块面包（芝麻面包、罂粟籽六星小面包、硬面包圈或法棍），然后夹入安格斯（Angus）

了解当地

米兰人的食品柜

晒干食材在米兰人的食物中所占不多，但经典的米兰菜肴却呈现出鲜艳的金黄色。Cotoletta（米兰小牛排，嫩滑的牛肉块外面裹着闪闪发亮的面包糠）和橙黄色的米兰风味意式调味饭[波河河谷（Po Valley）出产的卡尔纳罗利（carnaroli）大米与骨髓同煮，再用藏红花染色]就是典型的例子。其他金色美食包括炖小牛肘（osso buco，撒上欧芹、大蒜和碎柠檬的炖牛腿），与肉或蘑菇菜肴同食的玉米面粥，用鼠尾草调味的南瓜馅小方饺，看起来像奶油蛋卷似的、鸡蛋做的圣诞面包，克雷莫纳（Cremona）的芥末味甜蜜饯挂浆干果（mostarda di frutta），以及伦巴第的各种奶酪。

鞑靼牛肉、红辣椒蛋黄酱蟹肉和来自普拉托(Prato)的熏香肠(mortadella, 冷切猪肉块)。太好吃啦!(☎02 78 26 48; www.chic-and-go.com; Via Bigli 20; 三明治 €5~14; ✎; Ⓜ Montenapoleone)

Lon Fon

中国菜 €€

11 见56页地图, C1

这个美食家云集的广东餐馆由一对母女Rita和Pui经营。牛肉大葱饺子、全蟹以及香葱/春笋蒸鱼一直保持着高水准。她们喜欢用洋蓟之类的应季原料即兴创作。(☎02 2940 5153; Via Lazzaretto 10; 主菜 €30~45; ⊙正午至15:00和19:00~23:00; ❄; Ⓜ Repubblica)

Warsa

非洲菜 €€

12 见56页地图, D2

Warsa温馨、优雅、有格调, 烹制地道的咖喱——厄立特里亚风味的injera(面饼)上放扁豆、牛肉或鱼。没有餐具, 得用手吃。店内还有各种南非产的葡萄酒。(☎02 20 16 73; www.ristorantewarsa.it; Via Melzo 16; 餐 €25; ⊙周四至周二 正午至15:00和19:00~23:30; Ⓜ Porta Venezia)

饮品

Nottingham Forest

鸡尾酒吧

13 见56页地图, D4

如果米其林给酒吧评星, Nottingham Forest能得好几颗星。这家以英国足球队命名的中性装饰风格亚非酒吧是分子调酒师Dario Comino的"实验室", 他用干冰和巧妙的构思创造出袅袅升烟的鸡尾酒。独家鸡尾酒还有Elite, 它混合了伏特加、磨碎的珍珠粉和日本清酒, 据说能壮阳。(www.nottingham-forest.com; Viale Piave 1; 鸡尾酒 €10; ⊙周二至周六 18:30至次日2:00, 周日 18:00至次日1:00; 🚋9, 23)

Pandenus

酒吧

14 见56页地图, C1

Pandenus前身是个蛋糕店, 店名来自一种炉烤核桃面包(至今在售)。这家欢乐时光酒吧的香草橄榄油面包、pizzetta和烤面包片是城里最好的。因为邻近马可尼基金会(Marconi Foundation, 一个专门的当代艺术基金会), 所以能看到许多外表养眼的文艺青年。(☎02 2952 8018; www.pandenus.it; Via Tadino 15; 鸡尾酒 €8, 早午餐 €20; ⊙正午至次日1:00; 📶; Ⓜ Porta Venezia)

HClub Diana

鸡尾酒吧

15 见56页地图, D2

隐藏在喜来登酒店后面一道巨大的皮革门帘后面。这家酒吧的欢乐时光提供全米兰品种最多的酒。拿一杯鲜榨桃汁贝利尼, 走到灯光昏暗的花园池塘边, 跟时尚男女一起坐在木兰花树荫下。(☎02 2058 2081; www.sheraton.com/dianamajestic; Viale Piave 42, Sheraton Diana Majestic; 鸡尾酒 €10, 早午餐 €33; ⊙7:00至次日1:00; 📶; Ⓜ Porta Venezia)

Bar Basso

Vinile

葡萄酒吧

16 见56页地图，C1

Vinile出售各种限量版葡萄酒、意大利生啤以及切得很美观的熟食和面包片，店内摆放着大量《星球大战》(*Star Wars*)和漫威(Marvel)道具，对美食鉴赏家和宅男同样具有吸引力。参见其Facebook页面，了解社区内艺术和音乐活动。(02 3651 4233; Via Tadino 17; 饮品 €4~6，早午餐 €18; 周二至周日 11:00~23:30; M Porta Venezia)

La Belle Aurore

酒吧

17 见56页地图，E3

这家深受当地人喜爱的老式风格酒吧令人联想起布宜诺斯艾利斯。从早餐到欢乐时光，再到深夜，它吸引着安静随和的客人，他们边喝葡萄酒边聊天。(02 2940 6212; Via P G Abamonti 1; 周一至周六 7:00至次日2:00; 5, 23)

Bar Basso

酒吧

18 见56页地图，E2

这家优雅的酒吧位于街角处，是喝sbagliato（用普罗塞克葡萄酒而不是杜松子酒调制的内格罗尼鸡尾酒）的好地方。边吃边喝（mangia e bevi）这个点子也不错，吃一大杯草莓、奶油和榛子（nocciola）冰激凌，喝一大口酒。(02

当地生活

新艺术风格建筑

"二战"中盟军的轰炸给米兰带来了重创，但散落在战后工厂之间的却是意大利最精美的世纪末自由派建筑。其中最好的位于Porta Venezia周边。这类艺术瑰宝包括锻铁阳台线条复杂的**瓜佐尼宅**（Casa Guazzoni；Via Malpighi 12；Ⓜ Porta Venezia）、陶瓷横梁上画着资产阶级美人的**加林贝蒂宅**（Casa Galimberti；Via Malpighi 3；Ⓜ Porta Venezia）和有水泥花环的前**杜蒙特电影院**（Cinema Dumont；Via Frisi 2；Ⓜ Porta Venezia）。

2940 0580；http://barbasso.com；Via Plinio 39；鸡尾酒 €7；⏲ 周三至周一 9:00至次日1:15；Ⓜ Lima）

Sant' Ambroeus

咖啡馆

19 见56页地图，B4

这家从美好年代（belle époque）开业至今的酒吧有慕拉诺枝形吊灯和摆放着各种甜蜜糖果的柜台，是金色四边广场的经典咖啡馆之一。西装笔挺的男客人喝着大杯浓缩咖啡和昂贵的鸡尾酒，略微上了年纪的女士在沙龙里喝茶或品尝图案精致的蛋糕。（☎ 02 7600 0540；www.santambroeusmilano.it；Corso Matteotti 7；鸡尾酒 €10；⏲ 7:45~20:30；Ⓜ San Babila）

Armani Privé

俱乐部

20 见56页地图，A3

这家夜店在阿玛尼超市地下一层，装修风格有一种微妙的现代日本气息，当你兴奋地冲进来并看了一遍酒水单价格之后就会冷静下来了。门口的治安人员能告诉你去哪儿隆胸、瘦脸、染发（以及帮你在Nobu预订晚餐）。（☎ 02 6231 2655；Via Gastone Pisoni 1；鸡尾酒 €20；⏲ 周三至周六 23:30至次日3:30；Ⓜ Montenapoleone）

娱乐

奥贝丹影院

电影院

21 见56页地图，C2

楼上是米兰实验电影院，或者说电影资料馆（cineteca），会放映电影，楼下是静态和视频艺术等展览。最初的建筑由建筑师盖·奥伦蒂（Gae Aulenti）重新设计，在她的作品之中，卡多尔纳车站和巴黎的奥赛博物馆（Musée d' Orsay）更为出名。（Spazio Oberdan；☎ 02 7740 6316；www.cinetecamilano.it；Viale Vittorio Veneto 2；Ⓜ Porta Venezia）

购物

Pellini

珠宝、饰品

22 见56页地图，A3

要想一站式购齐独具特色的人造珠宝、包袋和发饰，那就不用去别处了，直奔这家属于著名时装设计师Emma Pellini

的孙女Donatella Pellini的时装店就够了。Pellini家族三代女人从事招牌树脂首饰的制作，含有花朵、沙子和织物元素的珠宝都出人意料地价格亲民。（☎02 7600 3084；www.pellini.it；Via Manzoni 20；⏰9月至次年7月 周一 15:30~19:30，周二至周六 9:30~19:30；Ⓜ Montenapoleone）

Mutinelli 饰品

23 见56页地图，D2

Millayne无边帽是15世纪和16世纪最时兴的，这个城市也得名于此。几个世纪后，成立于1888年的Mutinelli是米兰最古老的女帽制造商，用最好的毛毡、织物、皮革和厄瓜多尔巴拿马草填充的个性头饰，让这家店久负盛名。

店内也出售手杖、雨伞和吊裤带，你可以用这些小物件把自己打扮得整齐而潇洒。（☎02 669 19 71；www.mutinellicappellimilano.com；Corso Buenos Aires 5；⏰周一 15:00~19:30，周二至周六 10:00~13:00和15:00~19:30；Ⓜ Porta Venezia）

Atelier Bergnach 时装

24 见56页地图，D1

13年来，Elena Bergnach一直为米兰女性制作裙子。那些可不是普通的裙子，它们个性十足，布料使用印度织锦或科莫丝绸，裁成20片不同的布片，并按照对称的图案捏褶和熨烫。每条裙子都会让客人试穿，以确保完美合身。（www.atelierbergnach.com；Via Tadino 15；⏰周二至周六 10:00~13:00和15:00~19:30；Ⓜ Porta Venezia）

Madina Milano 化妆品

25 见56页地图，B4

Madina是米兰当地的化妆品名牌。可以免费化妆让你体验多种颜色和妆容。（☎02 7601 1692；www.madina.it；Corso Venezia 23；⏰10:00~19:00；Ⓜ Cordusio）

Car Shoe 鞋

26 见56页地图，B4

创建于20世纪60年代的店铺，起初出售运动鞋和平底便鞋，被Patrizio Bertelli（普拉达先生）纳入麾下后，现在旗舰店里的鞋子再度走红。过去顾客主要是公子

当地生活

尼古拉·特鲁萨尔迪基金会

特鲁萨尔迪的非营利性**尼古拉·特鲁萨尔迪基金会**（Fondazione Nicola Trussardi；☎02 806 88 21；www.fondazionenicolatrussardi.com）既不是博物馆，也不拥有藏品，而是一个在不为人熟知的历史场所或建筑中促进当代艺术发展的机构。通过运作，该基金会修复并重新开放了大量老建筑，例如，Palazzo Litta和Palazzo Dugnani，还邀请国际艺术家为各种活动创作。全城各个地点都有展览，详情见其网站。

了解当地

米兰城的时尚简史

修鞋匠、女裁缝、成衣工和制帽商，从11世纪起，这些意大利的艺术家们就在制作欧洲富裕阶级用金钱所能买到的最精美的鞋、服装和饰品。

文艺复兴

文艺复兴唤醒了艺术、音乐和文学，在当时的名流和佛罗伦萨美第奇家族（Medicis）的促进下，时装业也随之繁荣。华丽浮夸的时装显示出穿戴者的社会地位和财富：帽子、女性发网和其他缝着飘纱、垂帘并镶嵌着宝石的头饰。长袍的袖子由细麻、丝绸、织锦和蕾丝制成，袖口长长地垂到地面。各种样式在整个意大利及周边国家被互相借鉴、融合和流行开来。在法国，自凯瑟琳·德·美第奇（Catherine de Medici）在1547年成为法国王后之后，穿高跟鞋也成了时尚。

从佛罗伦萨到米兰

虽然意大利的时装发源于佛罗伦萨，但受到严格控制的沙龙无法施展其创造力，设计师们被迫展望它处。Walter Albini打破传统，1971年在米兰举办了他的首次时装秀。因为不隶属于任何时装制造商，他可以做实验，第一次推出了成衣制品，确立了设计师作为品牌背后创造力的地位。那次时装秀大获成功，从此米兰成为能与佛罗伦萨媲美的意大利时装之都。

时尚之都

米兰成为全球时尚圣地绝非偶然。首先，鉴于其地理位置，这个城市在历史上就与欧洲市场有紧密的联系。米兰也是意大利的金融、广告、电视和出版业之都，*Vogue*和*Amica*这两本杂志总部都在米兰。其次，米兰一直以来都有以历史性的纺织业和上伦巴第出产的丝绸为基础的服装业。并且，由于米兰特别注重战后的贸易往来，所以它自然也为货物、思潮和信息交换提供了平台。结果，到20世纪80年代，新一代设计师——阿玛尼（Armani）、范思哲（Versace）、普拉达（Prada）、菲拉格慕（Ferragamo）和杜嘉班纳（Dolce & Gabbana）——征服了全世界，将鞋子、包袋、香水和太阳镜变成展示地位和财富的新标配。

哥儿，现在也为妇女和儿童服务。（☎02 7602 4027；www.carshoe.com；Via della Spiga 1；⏰周一至周六 10:00~19:30，周日11:00~19:00；Ⓜ San Babila）

Sermoneta

饰品

27 🛍 见56页地图，B3

在时装店聚集的Via della Spiga，时装店Sermoneta显得格格不入，它出售手工缝制的牛皮手套等常见配件以及小马皮或野猪皮制作的独特饰品。（☎02 7631 8903；www.sermonetagloves.com；Via della Spiga 46；⏰周一至周六 10:00~19:00，周日11:00起；Ⓜ Montenapoleone）

Gallo

饰品

28 🛍 见56页地图，A4

应季商品是Gallo的锦上添花之作，但常年有售的条纹裤袜才是当地人的最爱，他们把这种五颜六色的袜子穿在色彩单一的工作服下面。男性、女性、儿童和婴儿的款式一样多。你不会冒险将它们丢在烘干机里，因为你不想再花€12~35买双新的。（☎02 78 36 02；www.gallospa.it；Via Manzoni 16；⏰10:00~19:00；Ⓜ Montenapoleone）

Doriani

时装、饰品

29 🛍 见56页地图，B4

创建于1930年的Doriani以超级柔软的山羊绒衣物著称，包括polo衫、开襟毛衣和套头毛衣。男装虽然名气不大，但政客、足球明星和商务人士对它的经典款式和微妙配色却趋之若鹜。（☎02 7602 1527；www.doriani.it；Via Sant' Andrea 7；⏰周二至周日 10:00~19:30；Ⓜ Montenapoleone）

DMagazine

时装

30 🛍 见56页地图，A3

假设你需要经常出城去购买折扣力度很大的时装，那为什么不来这家常年打折的工厂店呢？没错，这里有全部大牌，只是款式不够新。但是只要仔细地逛，你就能以挂牌价8折的价格淘到宝。（☎02 7600 6027；www.dmagazine.it；Via Manzoni 44；⏰10:00~19:30；Ⓜ Montenapoleone）

探索

布雷拉和森皮奥内公园

布雷拉紧凑的鹅卵石街道、具有悠久历史的古建筑时刻提醒着人们，米兰并非只是一个现代化大都市。这个街区的中心就是城里著名的艺术院校、建于17世纪的美术学院。学院周边是若干画廊、一些米兰最时髦的餐馆和生机勃勃的酒吧。西侧的斯福尔扎城堡紧邻城里最大的公园——森皮奥内公园。

一日游行程

早上在**布雷拉画廊**（Pinacoteca di Brera，见70页）欣赏拿破仑收藏的古典大师名作。根据这个画廊的创立目的，艺术品按照不同的风格流派陈列，那些艺术品本身用于学院（在画廊楼下）的补充教学。饱览了美术作品之后，上午可以在楼下的学生酒吧或在前往**N' Ombra de Vin**（见78页）的途中喝一杯。

中午饿了，在布雷拉迷宫般的街道中寻找一流的餐馆：尝尝**Fioraio Bianchi Caffè**（见77页）的法国风味高级烹饪或**Volemose Bene**（见76页）的大份罗马美食。饭后往西走，去**斯福尔扎城堡**（Castello Sforzesco，见68页）参观城垛，或者在**米兰三年中心**（Triennale di Milano，见75页）了解米兰的设计史。

傍晚一定要去拿破仑雄伟的凯旋门**和平门**（Arco della Pace，见75页）散散步。正好它的周围是一些极好的欢乐时光（见109页）酒吧，那些酒吧里总是顾客云集。想吃高级美食的话，可以直奔**Dry**（见78页）或**宝格丽酒店**（见80页），后者的安静花园可以让你消磨一个悠闲惬意的夜晚。

顶级景点

斯福尔扎城堡（见68页）

布雷拉画廊（见70页）

米兰最佳

艺术体验

布雷拉画廊（见70页）

设计

米兰三年中心（见75页）

阿切勒·卡斯蒂格利奥尼博物馆（见75页）

就餐

Volemose Bene（见76页）

Pescheria da Claudio（见77页）

Ristorante Solferino（见77页）

饮品

宝格丽酒店（见80页）

N' Ombra de Vin（见78页）

Dry（见78页）

到达和离开

Ⓜ **地铁** 去画廊在M3线的Montenapoleone站或M2线的Lanza站下车。

Ⓜ **地铁** 去城堡和公园在M1线的Cairoli站或M2线的Lanza站下车。

有轨电车 坐1路去Via Vetero购物。

顶级景点

斯福尔扎城堡

这个标志性的红砖城堡最初是维斯孔蒂(Visconti)家族的要塞,其后成为文艺复兴时期统治米兰的斯福尔扎家族的宫殿。城堡的城墙由多才多艺的达·芬奇设计,后来拿破仑排干了护城河、挪走了吊桥。今天,这个城堡里有7间不同主题的博物馆,从中世纪的博纳博·维斯孔蒂(Bernabò Visconti)骑马雕像到米开朗基罗的未完成遗作《隆达尼尼的圣殇》(*Rondanini Pietà*),从不同的侧重点展示了米兰的文化和当地历史。

见74页地图, B4

www.milanocastello.it

Piazza Castello

成人/优惠 €5/3

周二至周日 9:00~19:30, 周四 至22:30

M Cairoli

斯福尔扎城堡的塔楼

不要错过

建筑

为了抵御任何胆敢挑战的力量，米兰政坛的斯福尔扎家族按照坚固的中世纪布局建造这个城堡。1452年，弗朗西斯科（Francesco）邀请佛罗伦萨建筑师菲拉雷特（Filarete）设计高大的中央塔楼，目的是柔化城堡的线条，让它看起来更像个优雅的住宅，而不是兵营。正面是钻石形状的serizzo花岗岩，厚重的圆形塔楼支撑着防御墙，后来Galeazzo Maria给博物馆（Rocchetta）和公爵庭院（Ducal Courtyard）加上了文艺复兴风格柱廊。城堡内部，公爵住所的拱顶阁楼是达·芬奇赠送的，后来在卢多维科·斯福尔扎（Ludovico Sforza，1452~1508年）的资助下，达·芬奇还亲自对阁楼加以装饰。

古代艺术博物馆

古代艺术博物馆（Civiche Raccolta d'Arte Antica, Museum of Ancient Art）位于公爵住所内，藏品星光璀璨。从古代基督教壁画到博纳博·维斯孔蒂的骑马雕像和描绘米兰大败巴巴罗萨（Barbarossa）的浮雕，展品讲述了意大利第一座城邦的诞生。达·芬奇参与了其内部装饰，图案以盾徽、壁画和1555年在此成婚的西班牙国王的御用猎鹰为主。

《隆达尼尼的圣殇》

米开朗基罗的遗作《隆达尼尼的圣殇》得名于曾经放置该雕刻的古罗马宫殿，有人说它是米开朗基罗最好的一幅作品。图案是苗条柔弱的圣母玛利亚努力支撑着垂死的耶稣，通过夸张的极简线条表达痛苦的灵魂，因此许多人认为它是最早的现代艺术作品。现在它和许多壁画一起放在城堡内的16世纪西班牙医院（Spanish Hospital）内。

☑ 独家贴士

- 每周二14:00开始，城堡内的博物馆免费。
- 要参观城堡的城垛和地下的房间，不妨考虑参加**Ad Artem**的导览游。（☎02 659 77 28; http://adartem.it; Via Melchiorre Gioia 1; 团队游 €8~17.50; ⏰9:00~13:00和14:00~16:00; 👪; Ⓜ Sondrio）
- 如果你赶时间，古代艺术博物馆的展品最好，米开朗基罗的《隆达尼尼的圣殇》也不容错过。

✕ 吃喝落脚点

如果天气晴朗，可以在公园里野餐，或者在Bar Bianco（见79页）的露台上喝一杯。

如果肚子饿了，不妨在Pescheria da Claudio（见77页）吃一盘生海鲜（crudo）。晚上的话，大步穿过公园，去Living（见76页）享受欢乐时光。

顶级景点

布雷拉画廊

布雷拉画廊位于布雷拉学院（Brera Academy，至今仍是意大利最负盛名的艺术院校之一）楼上，收藏着米兰数量最大的古典大师作品，其中许多是拿破仑从威尼斯"运来"的。伦勃朗、戈雅（Goya）和凡·戴克（Van Dyck）的作品都在藏品中占有一席之地，但最值得看的是意大利画家的作品：提香、丁托列托、维罗纳和贝利尼兄弟。许多作品能引起观众强烈的情感共鸣，最感人的是曼特尼亚（Mantegna）的《圣殇图》（*Cristo morto nel Sepolcro e tre Dolenti*）。

见74页地图，D3

02 7226 3264

www.brera.beniculturali.it

Via Brera 28

成人/优惠 €10/7

周二至周日 8:30~19:15

Lanza，Montenapoleone

Sala XXXVI，布雷拉画廊

不要错过

仑巴第壁画

布雷拉画廊的展览以大量文艺复兴时期杰作为起点，走廊两边挂着多纳托·布拉曼特（Donato Bramante）的《士兵》（*Men at Arms*）和伯纳迪诺·吕伊尼的壁画（它们来自倒塌的教堂La Pace and Casa Pelucca）。《玩蒙眼猜人游戏的女孩们》（*tableau of girls playing 'hot-cockles'*）显示出将文艺复兴时期的创新和米兰本土艺术相结合的吕伊尼也深受列奥纳多·达·芬奇的影响，而布拉曼特为男爵厅（Baron' s Hall，位于维斯孔蒂宅）创作的《士兵》则是对视错觉艺术的全新理解。从下方看，画面上的人物巨大的身体似乎脱离了建筑的框架。

Mocchirolo祈祷室

IA展厅（Room IA）入口处左侧是Mocchirolo祈祷室（Oratorio di Mocchirolo）及其优秀的环形壁画（据说是乔托作品）复制品。《耶稣受难》（*Crucifixion*）尤其值得一看，它显示了乔托在视觉叙事和表现真实感方面的深厚功力。

贝利尼和曼特尼亚

六号展厅陈列着乔凡尼·贝利尼（Giovanni Bellini）和安德烈亚·曼特尼亚（Andrea Mantegna）的作品，它们是画廊内威尼斯画派作品的佼佼者。与前辈布拉曼特一样，曼特尼亚酷爱宗教主题和古典绘画，他将二者结合，用出奇冷酷的笔法创造出《圣殇图》，画中按照透视法缩短了耶稣的遗体。虽然受曼特尼亚的影响，但贝利尼笔下目光悲哀、身材苗条匀称的圣母更彰显人性，圣母四周的色彩和光线很有表现力。

☑ 独家贴士

- 要以适当的速度看完画廊内的38间展厅，需要至少半天时间。
- 画廊在楼上（一楼）。庭院里卡诺瓦的拿破仑铜像摆出一个半人半神的姿势，其背后是台阶。
- 有意大利语、法语、英语、西班牙语和德语的语音导游，价格€5。
- 不要错过有玻璃幕墙的文物修复室，在那里能看到艺术品被修复的过程。

吃喝落脚点

如果画廊内的艺术瑰宝看得你头昏脑涨，那么直奔楼下，与写生课结束后的学生们一起喝杯佩罗尼（Peroni）啤酒。

在法国风味的Fioraio Bianchi Caffè（见77页），你可以坐在花丛中吃顿简单的午餐。或者继续往北走，到Zazà Ramen（见77页）吃一碗美味的面条。

提香、丁托列托和维罗纳

16世纪的威尼斯迎来了文艺复兴的高潮，涌现出提香（Tizian Vercelli）、雅各布·丁托列托（Jacopo Tintoretto）和保罗·维罗纳（Paolo Veronese）等大师。虽然罗马衰落了，意大利的其他地方仍被放荡的威尼斯人嗤之以鼻的道德观念所束缚，但威尼斯财力雄厚、政权稳定。因而财富、赞助和艺术都繁荣起来，提香则是其中的领军人物。九号展厅陈列着他们最伟大的一些作品，包括提香的《圣杰罗姆》（*St Jerome*）和维罗纳的《西蒙家的晚餐》（*Cena in Casa di Simone, Supper in the House of Simon*）。

杰西藏品：20世纪

挨着八号展厅的是1984年赠送给该画廊的杰西藏品。藏品包括12座雕像和68幅埃米利奥·杰西（Emilio Jesi）在20世纪30年代、40年代和50年代得到的绘画。离开了充斥着宗教作品的主展厅，这些生机勃勃的未来派绘画令人耳目一新，例如，波丘尼著名的《画廊的骚乱》（*Rissa in Galleria, Riot in the Gallery*）和卡洛·卡拉（Carlo Carrà）的《形而上学的缪斯》（*La Musa Metafisica, Metaphysical Muse*）。

乌尔比诺画派

作为文艺复兴初期最伟大的画家之一，比埃罗·德拉·弗朗西斯卡（Piero della Francesca）在1474年成为乌尔比诺

Pinacoteca di Brera
布雷拉画廊

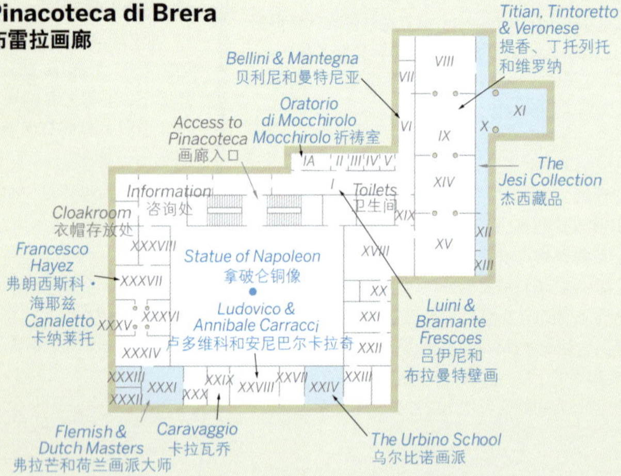

(Urbino)的蒙泰费尔特罗伯爵(Count of Montefeltro)的御用画师。虽然这位托斯卡纳艺术家和数学家为阿雷佐(Arezzo)的圣方济各教堂(Basilica di San Francesco)创作的环形壁画更为出名,但蒙泰费尔特罗的祭坛画,又名《布雷拉的圣母》(*Brera Madonna*, 1472~1474年),却是二十四号展厅的亮点。与之相对应的是拉斐尔的《处女的婚礼》(*Wedding of the Virgin*),这幅画创作于1504年,构图比较松散自然。

卡拉瓦乔

二十九号展厅陈列着16世纪末、17世纪初巴洛克风格的艾米利亚人(Emilian)画派的作品,这些作品着色黯淡,微微发光,气氛出人意料地令人震撼。该展厅陈列学院唯一一幅卡拉瓦乔的作品:《埃玛乌斯的晚餐》(*Cena in Emmaus, Supper at Emmaus*),展厅里光线昏暗,感觉很压抑。完全看不到拉斐尔式的小清新古典主义和卡拉奇(Carracci)式的矫揉造作小技巧,只有光明和黑暗之间固有的冲突营造出的自然主义。

弗拉芒和荷兰画派大师

这个学院不仅拥有海量的意大利艺术品,也继承了来自弗拉芒和荷兰画派的少量藏品,这些作品放置在三十一号至三十三号展厅。1813年,鲁本斯、伦勃朗和凡·戴克从卢浮宫来到米兰,1855年Peter Oggioni捐赠了Jan de Beer等安特卫普(Antwerp)画派大师以及德国艺术家Herman Rode和汉斯·梅姆林(Hans Memling)的作品。文艺复兴时期各国的艺术交流格外活跃。

弗朗西斯科·海耶兹的《吻》

19世纪的作品

最后几间展厅陈列着19世纪早期作品,而在19世纪早期,该画廊就已经声名鹊起了。那些作品主题更加轻松,激发了浪漫主义和人们希望意大利统一的爱国热情。轻快地穿过卡纳莱托(Canaletto)和弗朗西斯科·海耶兹(Francesco Hayez)的作品,前者画出了威尼斯的美妙景色,后者是伦巴第贵族钟爱的肖像画家兼该学院的主管之一。他的作品包括张力十足、感染力强的《吻》(*Il Bacio, The Kiss*; 1859年),也是布雷拉画廊出镜率最高的艺术作品之一,象征着人民对复兴运动的渴望。

详细介绍请见
顶级景点 68页
景点 75页
就餐 76页
饮品 78页
娱乐 80页
购物 80页
Pinacoteca di Brera
布雷拉画廊
Orto Botanico
植物园
Basilica di San Simpliciano
圣辛普立西阿诺大教堂
Castello Sforzesco
斯福尔扎城堡
Studio Museo Achille Castiglioni
阿切勒·卡斯蒂格利奥尼博物馆
Triennale di Milano
米兰三年中心
Torre Branca
布兰卡塔
Arco della Pace
和平门
BRERA
布雷拉
Parco Sempione
Stazione Nord (Stazione Cadorna)
北站(卡多纳站)
Via Legnano
Foro Buonaparte
Viale Elvezia
Viale Emilio Alemagna
Bastioni di Porta Volta
Bastioni di Porta Nuova
Corso di Porta Nuova
Corso Garibaldi
Corso Sempione
Piazza Sempione
Piazza Castello
Piazza Croce Rossa
Largo La Foppa
Moscova
Lanza
Montenapoleone
Via Solferino
Via Brera
Via Statuto
Via Palermo
Via della Moscova
Via Marsala
Via San Marco
Via Castelfidardo
Via Montebello
Via Cernaia
Via Fatebenefratelli
Via dell'Annunciata
Via Principe Amedeo
Via dei Giardini
Via Manzoni
Via Monte di Pietà
Via dell'Orso
Via Ponte Vetero
Via Madonnina
Via Fiori Chiari
Via Fiori Oscuri
Via Pontaccio
Via Mercato
Via G Sacchi
Via Cusani
Via Luca Beltrami
Via dei Cavalieri del Santo Sepolcro
Via G Verdi
Via Bigli
Viale Gadio
Viale Montello
Via Mario Pagano
Via Giacomo Leopardi

景点

米兰三年中心 博物馆

1 见74页地图，A3

意大利第一个三年中心于1923年在蒙扎（Monza）建成，旨在促进整个意大利城市的设计和实用艺术。三年中心的成功导致1933年米兰建造了由乔凡尼·穆齐奥（Giovanni Muzio）设计的**艺术宫**（Palazzo d'Arte）。从此，这个展示空间举办了各种形式的设计比赛，但三年一度的活动早已被一年一度的活动所取代，包括国际展览。（Triennale di Milano；☎02 72 43 41；www.triennaledesignmuseum.it；Viale Emilio Alemanga 6；成人/优惠 €8/6.50；⏰周二、周三、周六和周日 10:30~20:30，周四和周五 至23:00；P ❄；M Cadorna）

和平门 地标

2 见74页地图，A2

25米高的拿破仑凯旋门坐落在森皮奥内公园西北角。1807年，由路易吉·卡尼奥拉（Luigi Cagnola）设计，仿照巴黎的凯旋门而建，标志着Corso Sempione大街的起点——这条主干道经由辛普朗山口[Simplon（Sempione）Pass]连接米兰和巴黎。具有讽刺意味的是，拿破仑在1814年就下台了，因此，这座新古典主义风格建筑的浮雕图案（于1838年完成）并非描绘原来设想的拿破仑胜利班师，而是拿破仑吃了败仗的莱比锡战役（Battle of Leipzig，1813年）的场景。（Arco della Pace；Piazza Sempione；M Moscova，Cairoli）

布兰卡塔 地标

3 见74页地图，A3

这座铁塔由吉奥·彭蒂（Giò Ponti）设计，于1933年建造（竣工时间离三年展开幕还不到2个月），站在108米高的平台上能俯瞰森皮奥内公园。日落时乘坐电梯上去，或者夜晚在上面欣赏闪烁的城市灯光，与楼下拥挤的Cavalli Café相比，站在塔顶颇有种优越感。（Torre Branca；☎02 331 41 20；门票 €5；⏰5月至9月 周二、周四和周五 15:00~19:00和20:30至午夜，周三 10:30~12:30和15:00至午夜，周六和周日 10:30~14:00和14:30至午夜，10月至次年4月 18:30关闭；M Cadorna）

阿切勒·卡斯蒂格利奥尼博物馆 博物馆

4 见74页地图，B4

建筑师、设计师兼教师阿切勒·卡斯蒂格里奥尼（Achille Castiglioni）是20世纪意大利影响力最广泛的思想者之一。他一直用这间工作室直到2002年过世，1小时的导览游带你深入了解他的智慧但颇具童心的创作过程。大量细节等待着你去发现：印着特制数字邮票图案的文件夹，为Cassina设计的Hilly沙发模型，以及从哈哈镜到自行车座的各种创意物品。（Studio Museo Achille Castiglioni；☎02 7243 4231；www.achillecastiglioni.it；Piazza Castello 27；成人/优惠 €10/7；⏰团队游 周二至周五

10:00、11:00和正午，周四 18:30、19:30和20:30；Ⓜ Cadorna）

植物园

花园

5 见74页地图，D3

1777年，玛利亚·特蕾莎（Maria Teresa）命人在此栽种高大的银杏树，当时她把耶稣会的蔬菜田改成供崭露头角的植物学家们（启蒙运动的产物）使用的露天演讲场所。这个有围墙的花园香气袭人，种满药用植物，是个不错的散步去处。（Orto Botanico；www.brera.unimi.it；Via Brera 28；门票免费；9月、10月和2月至6月 周一至周五 9:00至正午和14:00~17:00，周六 10:00~16:00，11月至次年1月和7月至8月 周一至周五 9:00~12:30，周六 10:00~16:00；Ⓜ Montenapoleone）

当地生活

森皮奥内公园

森皮奥内公园（Parco Sempione；门票免费；6:30至黄昏；Ⓜ Cadorna, Lanza）曾是斯福尔扎公爵的狩猎保护区，拿破仑到来后在这里造景。这个法国人首先开辟了果园，然后加盖了一个迷你角斗场**市民竞技场**（Arena Civica）。建成公园这个想法是1891年提出的。民众对此反响热烈，今天米兰的男女老幼都来这里沿着蜿蜒的小径和美观的池塘散步。紧邻公园、斯福尔扎城堡对面，是拿破仑的和平门（见74页）。和平门周围有**Living**（02 3310 0824；www.livingmilano.com；Piazza Sempione 2；鸡尾酒 €8~10；8:00至次日2:00；Ⓜ Moscova）和**Bhangrabar**（02 3493 4469；www.bhangrabar.it；Corso Sempione 1；18:00至次日2:00；1, 19）等火爆的酒吧，是首屈一指的欢乐时光地点。

圣辛普立西阿诺大教堂

教堂

6 见74页地图，C3

圣辛普立西阿诺大教堂是米兰4座圣安布罗斯教堂之一，这个红砖古罗马风格建筑建在一个古代基督教墓地上。殉道者Sisinio、Martirio和Alessandro葬在这里，据说他们从墓里飞出来化身成鸽子，在1176年的莱尼亚诺（Legnano）战役中鼓励伦巴第联盟军（Lombard League），带领他们战胜了巴巴罗萨。教堂后殿的美丽壁画是Bergognone的《圣母加冕》（*Coronation of the Virgin*，1515年）。（Basilica di San Simpliciano；02 86 22 74；www.sansimpliciano.it；Piazza San Simpliciano 7；9:30~11:30和15:00~18:00；Ⓜ Lanza）

就餐

Volemose Bene

意式餐厅 €€

7 见74页地图，D2

内部故意设计成粗俗的罗马乡村风

格（格子桌布、蒜辫、秸秆酒壶），高声交谈的食客和惊人美味的罗马食物是这家餐馆的元素，真是名副其实（店名大致可以译为“互相关心”）。别错过犹太风味的洋蓟、马铃薯烤羊肉或火辣的pasta all'amatriciana（意面加辣番茄酱、羊乳干酪和培根）。（☎02 3655 9618；www.volemosebenemilano.it；Via della Moscova 25；餐€30；⏰正午至14:30和19:30~23:30；Ⓜ Moscova）

Ristorante Solferino 米兰菜 €€€

8 见74页地图，D1

这家餐馆已经有一百多年的历史了，炖小牛肘搭配意式烩饭等经典美食分量十足，鱼肉馄饨（tortelloni）等点心令人惊喜，素食种类非常多。跟意大利影星们坐在一起，冒着发胖的危险享用糕点师的杰作，记者们喝完一瓶优质葡萄酒之后就会丧失公正的立场。（☎02 2900 5748；www.ilsolferino.com；Via Castelfidardo 2；餐€45~60；⏰正午至14:30和18:00~23:30；❄ ；Ⓜ Moscova）

Fioraio Bianchi Caffè 意大利菜、法国菜 €€€

9 见74页地图，D2

前身是花店，如今是品尝法国风味午餐简餐的好地方，花丛也是畅享欢乐时光的极佳地点。晚餐新鲜、有创意，提供特别美味的异国风情甜点，例如，普罗旺斯薰衣草焦糖布丁和偏重阿拉伯口味的卡萨塔冰激凌杯（cassata）。（☎02 2901 4390；www.fioraiobianchicaffe.it；Via Montebello 7；餐€45~60；⏰周一至周六12:30~14:30和20:30~23:00；Ⓜ Moscova）

Pescheria da Claudio 海鲜 €€

10 见74页地图，D4

中午或傍晚，跟西装笔挺的客人们一起吃顿生鱼（pesce crudo）。卤汁金枪鱼，开心果混合三文鱼、金枪鱼和白鱼，或者经滚水轻烫的生章鱼片，都适合搭配香槟吃。在收款台点单和付账，然后从侍者那里取自己的食物。（☎02 8691 5741；www.pescheriadaclaudio.it；Via Cusani 1；餐€35~55；⏰周二至周六12:30~14:30和19:30~22:30；❄；Ⓜ Cairoli）

Zazà Ramen 亚洲菜 €€

11 见74页地图，D1

这家面馆由一位荷兰厨师和一位日本企业家共同拥有，提供各种添加意大利和日本调味料的应季拉面和点缀着烤芝麻的芦笋等开胃菜。这里制作的spritz（一种用普罗塞克葡萄酒调制的鸡尾酒）口味特殊：用梅酒（一种日本青梅蒸馏酒）代替了苦味的金巴利。（☎02 3679 9000；http://zazaramen.it；Via Solferino 48；餐€30；⏰周一和周三至周日 正午至13:00和19:00至午夜；；Ⓜ Moscova）

Latteria di San Marco 意式小馆 €€

12 见74页地图，D2

只要你能在这家永远生意火爆的小餐馆里占到座位，就可以吃到加入大厨

Arturo创意——例如他特制的柠檬肉丸或烩饭馅饼（riso al salto）——的番茄黄油意面（maccheroni al pomodoro e burro）等传统美食。菜单每日更换。（☎02 659 76 53; Via San Marco 24; 餐€35~40; ⏲周一至周五 12:30~14:30和19:30~22:00; Ⓜ Moscova）

Le Rosse
意大利菜 €

13 见74页地图，C2

一家悠闲的葡萄酒酒吧，在Corso Garibaldi设有户外座位。简单但美味的冷切肉、卤生牛肉片、乳蛋饼和伦巴第奶酪，搭配一杯有趣的小产量葡萄酒。来自西西里岛Nebrodi山区的野猪肉萨拉米香肠很好吃，阿尔卑斯山奶酪拼盘也不错。（☎02 9287 0416; www.lerosse.it; Corso Garibaldi 79; 餐 €25; ⏲周一至周六 12:30~15:00和18:30至午夜; Ⓜ Lanza, Moscova）

当地生活

米兰式寿司

意大利人酷爱生海鲜（crudo），其程度跟日本人不相上下。Crudo的魅力在于跟寿司相似的口感和质地——貌似简单的脂肪、盐和酸味，但前者用橄榄油、醋或柑橘、海盐和胡椒，而不是酱油、泡菜和山葵。无论是意式、日式还是二者混合式生海鲜，米兰人都吃不够，奇怪的是，他们经常把所有种类的crudo都叫作“寿司”。要吃美味、新鲜而简单的生鱼，可以试试当地的Pescheria da Claudio（见77页），要吃寿司和刺身，就去纳维利（Navigli）的Basara（见107页）。

Al Politico
三明治 €

14 见74页地图，C4

这家三明治小亭子挤满了当地人，看到它，你就知道米兰人的幽默感有多强了。所有的夹馅三明治都以政客的名字命名，客人们不得不在喜爱的政客和喜爱的馅料之间挣扎。小亭子四周有桌椅。（Piazza Castello 5; 三明治 €5~8; ⏲8:00~20:00; Ⓜ Cairoli, Cadorna）

饮品

N' Ombra de Vin
葡萄酒吧

15 见74页地图，D3

这家葡萄酒酒吧（enoteca）位于前奥古斯丁（Augustine）教派教士的食堂内。全天都可以品酒，菜样不多，但柠檬腌旗鱼片（carpaccio di pesce spade agli agrumi）等食物很不错。在其网站上可以查询临时举办的文化活动和DJ之夜。（☎02 659 96 50; www.nombradevin.it; Via San Marco 2; ⏲10:00至次日2:00; Ⓜ Lanza, Moscova）

Dry
鸡尾酒吧

16 见74页地图，D1

作为米其林星级大厨Andrea Berton

寿司

想出的点子，Dry既有鸡尾酒，也有美味比萨。创新性的鸡尾酒包括Corpse Reviver[伦敦干金酒（London Dry Gin）、君度（cointreau）、Cocchi Americano和柠檬汁]和Martinez（Boompjes荷兰杜松子酒、苦艾酒、黑樱桃利口酒和Boker苦酒），后者的灵感来自Martinez——店主Jerry Thomas出生地的法国淘金者。（☎02 6379 3414；www.drymilano.it；Via Solferino 33；鸡尾酒 €8~13，餐 €20~25；🕘19:00至午夜；Ⓜ Moscova）

Bar Bianco 酒吧

17 🍷 见74页地图，B3

Ricardo Griffini的Bar Bianco是森皮奥内公园最好的酒吧，最初是第十届三年会展（Tenth Triennale，1954年）的牛奶吧，至今生意仍很火爆，白天的客人是带着幼儿的妈妈们，晚上则是畅享欢乐时光的时髦男女。天井座位很适合欣赏来往的俊男靓女，但你应该去高处的露台——感觉就像在树屋里喝鸡尾酒。（☎02 8699 2026；www.bar-bianco.com；Parco Sempione；🕘5月至9月 周一至周四和周日 10:00至次日1:00，周五和周六 至次日2:00，10月至次年4月 10:00~18:00；📶；Ⓜ Lanza）

Bottiglieria Moscatelli 酒吧

18 🍷 见74页地图，C1

这家生意火爆的酒吧可能早在奥法战争时期就开业了，但室内装饰风格绝对是20世纪50年代的。葡萄酒是主角，或许可以搭配一碟腌猪颈肉（coppa）和几块面包。（☎02 655 46 02；Corso Garibaldi 93；欢乐时光 €8；⏰周一至周六 7:00至次日2:00，周日 9:00~22:00；Ⓜ Moscova）

Radetzky Cafe

酒吧

19 见74页地图，D1

美妙的长条软座和靠窗的座位使Radetzky成为这条步行街上最受欢迎的欢乐时光地点。周日还供应早午餐。（☎02 657 26 45；Corso Garibaldi 105；⏰周一至周三 20:00至次日1:30，周四至周六 至次日2:00，周日 10:00至次日1:30；Ⓜ Moscova）

> **当地生活**
>
> **宝格丽酒店**
>
> 要么在大花园内的雕塑下方，要么在露台外面，**宝格丽酒店**（Bulgari Hotel；☎02 805 80 51；www.bulgarihotel.com；Via Privata Fratelli Gabba 7b；⏰7:30至次日1:00；Ⓜ Montenapoleone）的欢乐时光（见109页）是米兰人生活不可或缺的一部分。私密的有围墙花园是个可爱的地方，全天都很宜人，但傍晚的鸡尾酒时段是bel mondo（上流社会）造访的时间。葡萄酒酒单上第二便宜的酒售价€20，但考虑到环境、气氛和那不勒斯厨师Roberto di Pinto源源不断奉上的美味小吃，这个价格一点都不贵。

Bar Jamaica

酒吧

20 见74页地图，D3

Bar Jamaica或许不再是个赋予米兰"头脑和风格并重"美誉的小资地方，但它仍是一个朴实无华的饮酒去处。来自附近布雷拉学院的学生们坐在人行道座位上喝酒。（☎02 87 67 23；www.jamaicabar.it；Via Brera 32；鸡尾酒 €8，餐 €25~35；⏰9:00至次日2:00；Ⓜ Lanza）

娱乐

斯特雷勒剧院

剧院

21 见74页地图，C3

这家剧院是行业翘楚，由马尔克·扎努索（Marco Zanuso）设计，由于受前身Piccolo Teatro剧院的面积局限，只有960个座位。从那之后，它成为米兰的重要文化场所之一，旗下还有位于Via Rivoli 6的Teatro Studio。（Piccolo Teatro Strehler；☎02 4241 1889；www.piccoloteatro.org；Largo Greppi；Ⓜ Lanza）

购物

Cavalli e Nastri

时装

22 见74页地图，D4

这家美观大气的店铺以二手服装和饰品出名，专营可爱的工装、包袋、珠宝和鞋，它们都来自20世纪早期和中期的意大利时装店，售价也相应的有高有低。在Via Mora 3开了一家**男装店**（www.cavallienastri.com; Via Mora 3; ⌚周二至周六 10:30~19:30; 🚋2, 14）。（☎02 7200 0449; www.cavallienastri.com; Via Brera 2; ⌚周二至周六 10:30~19:30，周一 15:30~19:30; Ⓜ Montenapoleone）

Malìparmi 时装

23 见74页地图，D3

发源地是帕多瓦（Padua），Marol Paresi将她对旅行的热爱和缝纫技艺相结合，制作少数民族风情的美丽串珠、刺绣包、印制包、凉鞋、珠宝和服饰。现在，因为有了女儿的帮忙，她在全世界都开了分店，但色彩最美丽的商品仍然在这个离家最近的店铺销售。（☎02 7209 3899; www.maliparmi.it; Via Solferino 3; ⌚周一 15:00~19:00，周二至周六 10:00~19:00）

La Vetrina di Beryl 鞋

24 见74页地图，D2

早在"马诺洛"（Manolo）成为女性欲望的代名词之前，全世界鞋迷就已经熟知了芭芭拉·贝里尔（Barbara Beryl）的名字。逛这家看起来无明显特征的鞋店，就如同翻阅意大利版*Vogue*的鞋架图片。（☎02 65 42 78; Via Statuto 4; ⌚周一 15:30~19:30，周二至周六 10:30~14:30和15:30~19:30; Ⓜ Moscova）

Fabriano 饰品、礼品

25 见74页地图，D4

面对Fabriano的商品，看得发呆的不仅仅是文具爱好者。从朴素的笔记本到亚麻笔袋和怪诞的皮革钥匙圈，一切都那么精致。无处不在的设计感更增添了商品的吸引力。员工态度令人愉快，用印有商标的亮光纸包装礼品。（☎02 7631 8754; www.fabrianoboutique.com; Via Ponte Vetero 17; ⌚周一 13:30~19:30，周二至周六 10:00~19:30; Ⓜ Cairoli; 🚋1）

Kristina Ti 时装

26 见74页地图，D2

Kristina Ti专营令人痴迷的美丽时装，但绝非只有女性化的服装。睡裙和内衣可以被包成很漂亮的礼物。（☎02 65 33 79; www.kristinati.com; Via Solferino 18; ⌚周二至周六 10:00~19:00，周一 15:00~19:00; Ⓜ Moscova）

Rigadritto 礼品

27 见74页地图，D4

五颜六色的空间里堆放着大量小不干胶纸、夹子、铅笔和好看的文具。穿上后能变身成猫和狗的T恤很有趣。（☎02 8058 2936; www.rigadritto.com; Via Brera 6; ⌚10:30~19:30; Ⓜ Montenapoleone）

探索

加里波第门和伊索拉

这个闪亮的新区位于加里波第门和米兰新门之间，拥有César Pelli设计的尖利碎片状的摩天大厦和Stefano Boeri设计的带空中花园的公寓，堪称米兰的缩小版“曼哈顿”。时尚的Corso Como大街与Corso Garibaldi大街无缝连接，包围着新兴的多元文化街区伊索拉，使这里成为酒吧、餐馆和新潮商店的热点聚集地区。

一日游行程

今天第一站是跟随导游参观米兰的**米兰纪念公墓**（Cimitero Monumentale，见85页），许多伟人和名人在此长眠。自1866年从Carlo Maciachini开始，这个公墓逐渐发展成一个超现实主义的露天博物馆：诸多墓碑和时髦的坟墓占地250,000平方米（25公顷）。

在**Ceresio 7**（见86页）的屋顶酒吧歇歇脚，吃午饭，你可以在泳池边的阳光躺椅上躺一天。或者选择在Viviana Varese新开业的餐馆**Alice Ristorante**（见85页）品尝没吃过的美食。之后，如果你未曾在诱人的美食店铺之间迷路，就往北走，去Corso Como大街欣赏那里的南加州风情。逛逛**10 Corso Como**（见89页），但是不买（橱窗购物），或者在伊索拉的**Monica Castiglioni**（见89页）寻找现代主义的珍宝。

夜幕降临，在伊索拉逛酒吧，**Frida**（见87页）、**Les Pommes**（见86页）和**Nordest Caffè**（见87页）都喝上一杯。至于晚饭，在**Osteria del Treno**（见85页）吃美味的伦巴第风味食物，然后去**Blue Note**（见88页）听场爵士乐，或在**Tunnel**（见87页）的铁轨下方跳舞。

米兰最佳

建筑

米兰纪念公墓（见85页）

中央车站（见85页）

就餐

Alice Ristorante（见85页）

Osteria del Treno（见85页）

Artico Gelateria（见86页）

饮品

Ceresio 7（见86页）

Cantine Isola（见86页）

Frida（见87页）

夜生活

Tunnel（见87页）

Blue Note（见88页）

到达和离开

M 地铁 去公墓和Corso Como大街沿线的夜店，在M2线（绿线）的Porta Garibaldi站下车。

M 地铁 去伊索拉，乘坐新开通的M5线（紫线），在Isola站和Zara站均可下车。

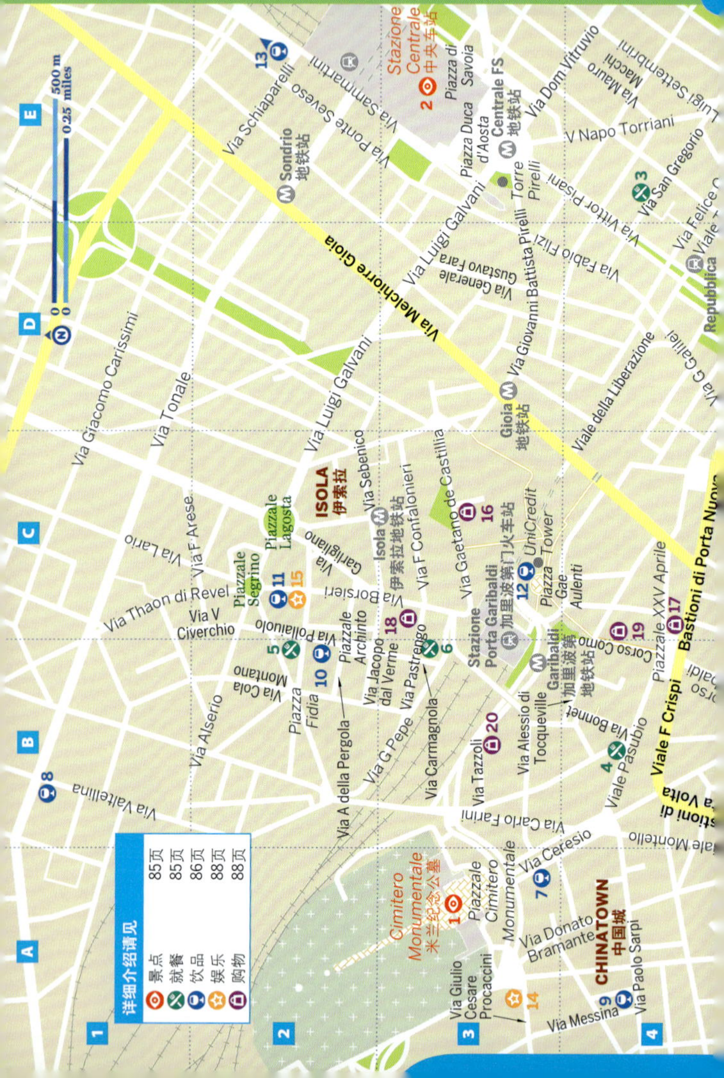
详细介绍请见
景点 85页
就餐 85页
饮品 86页
娱乐 88页
购物 88页
500 m
0.25 miles
Stazione Centrale 中央车站
Piazza di Savoia
Piazza Duca d'Aosta
Centrale FS 地铁站
Via Dom Vitruvio
V Napo Torriani
Via Mauro Macchi
Luigi Settembrini
Via San Gregorio
Via Vittor Pisani
Torre Pirelli
Via Fabio Filzi
Via Felice C
Viale
Repubblica
Via Sammartini
Via Ponte Seveso
Via Schiaparelli
Sondrio 地铁站
Via Melchiorre Gioia
Via Luigi Galvani
Via Generale Gustavo Fara
Via Giovanni Battista Pirelli
Gioia 地铁站
Viale della Liberazione
Via G Galilei
Via Giacomo Carissimi
Via Tonale
ISOLA 伊索拉
Via Sebenico
Isola 伊索拉地铁站
Via F Confalonieri
Via Gaetano de Castillia
UniCredit Tower
Piazza Gae Aulenti
Stazione Porta Garibaldi 加里波第门火车站
Garibaldi 加里波第地铁站
Corso Como
Piazzale XXV Aprile
Bastioni di Porta Nuova
Piazzale Lagosta
Piazzale Segrino
Via Lario
Via F Arese
Via Thaon di Revel
Via V Civerchio
Via Garigliano
Via Borsieri
Via Pollaiuolo
Piazzale Archinto
Via Jacopo dal Verme
Via Pastrengo
Via Cola Montano
Piazza Fidia
Via A della Pergola
Via G Pepe
Via Carmagnola
Via Alserio
Via Valtellina
Via Tazzoli
Via Alessio di Tocqueville
Via Bonnet
Viale Pasubio
Viale F Crispi
Via Carlo Farini
Via Ceresio
Cimitero Monumentale 米兰纪念公墓
Piazzale Cimitero Monumentale
Via Donato Bramante
CHINATOWN 中国城
Via Paolo Sarpi
Via Messina
Via Giulio Cesare Procaccini
Viale Montello
Bastioni di Porta Volta
Corso Garibaldi
1 2 3 4 5 6 7 8 9 10 11 12 13 14 15 16 17 18 19 20
A B C D E

景点

米兰纪念公墓 墓地

1 见84页地图，A3

在高大的文艺复兴风格的黑白相间的围墙后面，米兰的富人从1866年起就用宏伟的雕塑确保他们的王朝在自己死后仍能千秋万代。19世纪的“死亡与少女”色情图案被20世纪中期的抽象线条取代。正中央是为纪念“二战”中在米兰集中营死去的人们的几何形状的钢铁和大理石纪念碑，由Studio BBPR工作室设计，质朴而感人。在前院拿一张地图。（02 8846 5600；Piazzale Cimitero Monumentale；门票免费；周二至周日 8:00~18:00；M Monumentale）

中央车站 建筑

2 见84页地图，E3

每年有接近1亿人次穿过这些厚重的大门进入位于一个圆筒形玻璃天幕下方的火车站台。中央车站于1912年动工，但真正修建是在1925年至1931年。这个车站的设计充分表现出墨索里尼统治时期标志性的民族主义激情。大多数明显的法西斯象征物都被拆除或涂抹了，但装饰细节无处不在的新巴比伦风格建筑也无法隐藏它自身的光辉。（Piazza Duca d' Aosta；M Centrale FS）

就餐

Alice Ristorante 新派意大利菜 €€€

天才大厨Viviana Varese和餐厅领班、斟酒服务生兼鱼类专家Sandra Ciciriello共同经营的Alice，是美食供应商Eataly新开张的食品旗舰店的骄傲（见17 见84页地图，C4）。从顶层看出去的风光跟你盘子里的食物一样诱人，菜肴的名字充满幽默感，例如，“Polp Fiction”（章鱼加嫩西葫芦）和“That Ball!”（松露冰激凌加巧克力、萨芭雍——即zabaglione，有鸡蛋和马莎拉蛋奶冻，以及可可）。（02 4949 7340；www.alice-ristorante.it；Eataly, Piazza XXV Aprile；餐€40~50；周一至周六 12:30~14:30和19:30~22:30；；M Moscova, Garibaldi）

Osteria del Treno 意大利菜 €€

3 见84页地图，E4

奉行“慢食”理念的餐馆、自由风格的舞厅，都是米兰历史的一部分。这家餐厅的前身是为附近中央车站的铁路工作人员服务的俱乐部。自助午餐提供种类繁多的原产地奶酪、咸肉以及简单但地道的意面。晚餐比较正式，周日晚上舞厅里有人跳米隆加（milonga，探戈舞的一种）。（02 670 04 79；www.osteriadeltreno.it；Via San Gregorio 46；餐 €35；周一至周五 12:30~14:30和20:00至午夜，周六和周日 20:00至午夜；M Centrale FS）

Antica Trattoria della Pesa 米兰菜 €€€

4 见84页地图，B4

20世纪30年代胡志明（Ho Chi Minh）曾居住过的地标建筑，从附近出版社拿来的文学杂志，宜人的食物[放在粥里的炖小牛肘加意式调味料、煮肉(bollito misto)和碎牛肉块(cotoletta)]——边吃边喝红葡萄酒，饭后再来点儿柔滑顺口的酒心甜品萨芭雍(用鸡蛋混合奶油、甜酒，浇在各式水果上的著名意大利甜品)。这些都让人们无时无刻不在怀旧。(☎02 655 57 41; www.anticatrattoriadellapesa.com; Viale Pasubio 10; 餐 €40~60; ⌚周一至周六 12:30~14:30 和19:30~23:00; 🚊3, 4)

Artico Gelateria
意式冰激凌 €

5 见84页地图，B2

冰激凌全部采用天然原料手工制作，口味又多又有趣，例如，巧克力加辣椒、DOP认证的加盐和胡椒的开心果。一边焦急地排队，一边观看他们在柜台后面制作冰激凌。(☎02 4549 4698; www.articogelateria.com; Via Porro Lambertenghi 15; 2个球 €2.20; ⌚正午至23:00; 👪; Ⓜ Isola)

Les Pommes
各国风味 €€

6 见84页地图，B3

想吃汉堡、薯条或熏三文鱼百吉饼(bagel)? Les Pommes的菜单能帮你解馋。有斯堪的纳维亚、美国、地中海或意大利风味食物供客人选择，除百吉饼和汉堡之外还有丰富的新鲜水果和沙拉。周日的早午餐吸引了许多时髦的年轻人，记得早点来。(☎02 8707 4765; www.lespommes.it; Via Pastrengo 7; 餐 €10~30; ⌚周一至周六 7:30~22:00，周日 9:00~22:00; Ⓜ Garibaldi)

饮品

Ceresio 7
酒吧

7 见84页地图，A3

位于20世纪30年代的前Enel(电力公司)总部楼顶，是米兰最酷的屋顶酒吧，景色配得上欢乐时光的价格。两个泳池、两个酒吧和一个餐馆都由前宝格丽酒店厨师长Elio Sironi管理，因此注定是米兰俊男靓女们云集的地方。夏季，你可以在泳池边玩一天，要预订，价格€110起。(☎02 3103 9221; www.ceresio7.com; Via Ceresio 7; 欢乐时光 €15，餐 €60~80; ⌚12:30至次日1:00; 🚊2, 4)

Alcatraz
夜店

8 见84页地图，B1

意大利摇滚明星瓦斯科·罗西(Vasco Rossi)创办的夜店，如今是个能举办现场音乐会、DJ表演、时装秀和每周一次舞蹈俱乐部的多功能场所。这个面积1800平方米的前车库内周五播放太空摇滚、拉丁、浩室(电音分支)和古典音乐，周六播放经典摇滚乐。(☎02 6901 6352; www.alcatrazmilano.com; Via Valtellina 25; Ⓜ Isola, 🚊3, 4, 7, 11)

Cantine Isola
葡萄酒吧

9 见84页地图，A4

只有八九十岁的人才会想坐后面的座位，年轻人都喜欢围绕在美丽而古老的吧台周围，他们一边吃意大利烤面包片一边举杯品尝来自400家优质酒庄的葡萄酒。（☎02 331 52 49；Via Sarpi 30；⏰周二至周日 8:30~21:30；Ⓜ Garibaldi）

Frida
酒吧

10 🍷 见84页地图，B2

热气腾腾的庭院里摆放着乱糟糟的座椅，室内则是舒适的长沙发，你很容易就会跟艺术家们一起喝起啤酒或当地的葡萄酒。欢乐时光依旧提供品种丰富的酒和多种素食小菜。朴实无华，侍者不会过分殷勤，你只要享受音乐、高性价比和自在就好。（☎02 68 02 60；www.fridaisola.it；Via Pollaiuolo 3；⏰12:30~15:00和18:00至次日2:00；Ⓜ Zara，Garibaldi）

Nordest Caffè
酒吧

11 🍷 见84页地图，C2

这家阳光灿烂的咖啡馆兼酒吧太安静悠闲了，你可能都找不到侍者，适合度过一个漫长而懒散的下午。当地年轻人趋之若鹜，尤其是周日的现场爵士乐和中午的早午餐。（☎02 6900 1910；Via Borsieri 35；⏰周一 8:00~21:00，周二至周六 至23:30，周日 8:30~21:00；📶；Ⓜ Garibaldi，Zara）

RED
咖啡馆

12 🍷 见84页地图，C3

"RED"是"读、吃、梦想"（Read, Eat, Dream）3个词的首字母缩写，它是意大利出版社兼畅销书发行商Feltrinelli最新的一家概念咖啡馆，位于在最新开

JACOPO RAULE / GETTY IMAGES ©

Alcatraz

张的Feltrinelli书店内，周围是Piazza Gae Aulenti广场上的高楼大厦，目标客户是年轻人和爱玩iPad的人。晚上，喜欢看书的人可以欣赏用特殊光线营造的美景，或者跟别人一起玩桌上足球。（☎02 6558 0153；Piazza Gae Aulenti 1；⏰周一至周五 7:30~23:00，周六 10:00至午夜，周日 至23:00；📶；Ⓜ Garibaldi）

Tunnel
俱乐部

13 🍷 见84页地图，E2

米兰娱乐业的地标，很看重"顶级地下俱乐部"这个称号，而且名副其实地就在中央车站的铁轨下面。周五晚上的Le Cannibale以独立演出和电子音乐为主，

周六晚上有Ellen Alien、Nina Kraviz、Nicolaar Jaar和Ame & Dixon等电子乐DJ表演。(www.tunnel-milano.it; Via Sammartini 30; 门票 €15~25; 周三至周六23:00至次日5:00; M Centrale)

娱乐

La Fabbrica del Vapore 表演艺术

14 见84页地图，A3

曾经是生产有轨电车的工厂，现在这个巨大的仓库成为艺术中心，尤其注重发展年轻人的创意技能。全年都有舞蹈、摄影、戏剧、电影和音乐会。(www.fabbricadelvapore.org; Via Procaccini 4; ; 7, 12, 14)

Blue Note 爵士乐

15 见84页地图，C2

这是纽约Blue Note爵士俱乐部的欧洲分站，来自世界各地的顶级爵士乐团在此表演。如果你没有预订，可以于19:30之后在门口买票。另有很受欢迎的轻音乐周日早午餐（每个成人€35，两个成人加两个12岁以下儿童€70）。(02 6901 6888; www.bluenotemilano.com; Via Borsieri 37; 票€22~40; 9月至次年6月 周二至周日 19:30至午夜，10月至次年3月 周日 中午有早午餐; M Isola, Zara)

当地生活

中国城(Chinatown)

米兰的中国城以Via Paolo Sarpi和Via Donato Bramante为中心。中国人早已在米兰扎根，这里的中国人社区也是意大利最古老的，后来的移民是20世纪20年代和30年代到这儿的。虽然米兰人倾向于认为米兰是意大利文化最多元的城市，但不经意的种族偏见或对时尚之都的盲目崇拜是对中国移民身份认同最常见的两种反应。然而，努力工作与和谐相处是日常生活的主旋律。中国城是个很不错的购物选择：适合购买廉价衣物、皮革制品、电子产品和亚洲商品。大多数餐馆经营浙菜。

购物

Ziio 珠宝

16 见84页地图，C3

Elizabeth Paradon独一无二的手工珠宝受到全球名流和时尚人士的追捧。珠宝由细小的慕拉诺玻璃珠、金、银、半宝石、矿石、珍珠、玉和珊瑚制成，掺杂威尼斯、希腊、埃及和远东的装饰元素，款式大胆，色彩缤纷。(02 3670 6771; www.ziio.eu; Via Gaetano di Castillia 20; 周二至周五 10:30~14:15和15:00~19:30，周六 11:00~14:30和15:00~19:30，周日和周一 14:00~18:00; M Garibaldi)

Eataly 食品

17 见84页地图，C4

与纽约和东京一样，米兰现在也有了

美食旗舰供应商Eataly。翻建后的Teatro Smeraldo看起来很适合展示从意大利啤酒到来自Làit的特色意式冰激凌等各种商品。现场音乐吸引着你进店参加烹饪课程。如果你尝够了，就去楼上的美食餐馆Alice Ristorante（见85页）。（☎02 4949 7301；www.eataly.it；Piazza XXV Aprile 10；⏲10:00至午夜；Ⓜ Moscova，Garbaldi）

Monica Castiglioni 珠宝

18 🛍 见84页地图，C3

作为知名工业设计师阿切勒·卡斯蒂格利奥尼（Achille Castiglioni）的女儿，莫妮卡·卡斯蒂格利奥尼（Monica Castiglioni）对材料和比例颇为精通，又加入自己的独特观察，采用古代的脱蜡技术，以青铜、银和金为原料制作出工业风格的系列珠宝。（☎02 8723 7979；www.monicacastiglioni.com；Via Pastrengo 4；⏲周四至周六11:00~20:00；Ⓜ Garibaldi）

10 Corso Como 时装

19 🛍 见84页地图，C4

这可能是全世界被炒作得最厉害的"概念店"，但Carla Sozzani出售的迷人商品（Lanvin芭蕾平底鞋，Alexander Girard木偶，由你不知道的设计师设计的礼服等）让10 Corso Como大街的"橱窗购物"成为一场有趣的经历。楼上是出售艺术和设计书籍的书店，主天井和景色完美的庭院内有一个超级时尚的酒吧兼餐厅。（☎02 2900 2674；www.10corsocomo.com；Corso Como 10；⏲周二和周五至周日 10:30~19:30，周三和周四 至21:00，周一15:30~19:30；Ⓜ Garibaldi）

10 Corso Como Outlet 时装

20 🛍 见84页地图，B3

这个出奇安静的工厂店在一个阳光灿烂的庭院后面。Marni、普拉达和Comme等名牌价格不贵，斯黛芬·琼斯（Stephen Jones）牌帽子等有趣商品的折扣力度更大。男装款式特别多。（☎02 2900 2674；www.10corsocomo.com；Via Tazzoli 3；⏲周五 13:00~19:00，周六和周日11:00~19:00；Ⓜ Garibaldi，🚋3，4）

探索

马根塔大街和圣安布罗基奥

列奥纳多·达·芬奇的《最后的晚餐》和圣安布罗基奥大教堂把游客们吸引到这个树木茂密的街区，但这里其他的宗教和世俗景点也值得一游。Via Vincenzo Monti，这一资产阶级的避风港，饭店和商铺林立，其南边的国家科技博物馆吸引着年轻的探索者，布拉曼特回廊上则挤满了米兰圣心天主教大学的学生。

一日游行程

早上在**Biffi Pasticceria**（见97页）喝咖啡、吃牛角包，开始一天的行程。吃饱喝足后直奔**国家科技博物馆**（Museo Nazionale della Scienza e della Tecnologia，见95页），用一上午时间参观达·芬奇发明的机器，以及音乐、天文、钟表制造、炼金术、弹道学、航空学和交通等方面的展览。

在**De Santis**（见96页）跟当地人一起享用美味帕尼尼（意式长条三明治）和啤酒，抛掷硬币决定下一站去哪里、看什么：米兰最重要的**大教堂**（见95页）内的金色顶棚和圣安布罗基奥（St Ambrogio）的坟墓，还是**圣毛里齐奥教堂**（Chiesa di San Maurizio，见95页）内伯纳迪诺·吕伊尼（Bernardino Luini）的庄严壁画。第二个选择包括在毗连的**公民考古博物馆**（Civico Museo Archeologico，见95页）里上一堂介绍城市历史的短课。

因为兜里妥妥地揣着**《最后的晚餐》**（见92页）参观票，心里有底，所以在匆忙赶去参观达·芬奇画在圣玛利亚感恩教堂（Santa Maria delle Grazie）餐厅墙壁上的杰作之前，不妨先去**Boccascena Café**（见97页）悠闲地喝杯欢乐时光（见109页）的葡萄酒。导览游或语音导游都物超所值。最后在**La Brisa**（见96页）吃顿浪漫的晚餐，结束一天的游览。

顶级景点

《最后的晚餐》（见92页）

米兰最佳

历史景观

圣安布罗基奥大教堂（见95页）

公民考古博物馆（见95页）

列奥纳多·达·芬奇的作品

《最后的晚餐》（见92页）

国家科技博物馆（见95页）

就餐

La Brisa（见96页）

Buongusto（见96页）

De Santis（见96页）

购物

Galleria L' Affiche（见98页）

Risi（见98页）

MUST Shop（见99页）

到达和离开

Ⓜ **地铁** 去国家科技博物馆和圣安布罗基奥大教堂，在M2线（绿线）Sant' Ambrogio站下车。

Ⓜ **地铁** 去看《最后的晚餐》、参观公民考古博物馆和圣毛里齐奥教堂，在M1线的Cadorna站下车最近便。

顶级景点
《最后的晚餐》

作为米兰最出名的绘画，列奥纳多·达·芬奇的《最后的晚餐》画在与圣玛利亚感恩教堂相连的餐厅墙壁上。画面描绘了一个极富戏剧性的时刻：耶稣告知他的门徒他已经知晓将被出卖。画家精确地把握了每个人物的心理，创造出这幅全世界最著名的杰作之一。

见94页地图，C2

Piazza Santa Maria delle Grazie 2

成人/优惠 €8/4.75

周二至周日 8:15~19:00

M Cadorna

列奥纳多·达·芬奇的《最后的晚餐》

不要错过

《最后的晚餐》

达·芬奇在画《最后的晚餐》时，一个崇拜他的教士注意到，他有时会在上午来，盯着前一天画的部分，然后立马走人。你的参观同样短暂（确切地说只有15分钟），但当你与这件作品面对面的时候，成千的复制品也相继而来。达·芬奇的实验性技法和多年的风吹日晒使壁画变得非常脆弱，但尽管斑驳，仍无法掩饰它惊人的美丽和画家对人类心理的洞悉。

圣玛利亚感恩教堂

只有参加联合国教科文组织世界遗产**圣玛利亚感恩教堂**（www.grazieop.it; Piazza Santa Maria delle Grazie; ⌚周一至周六 7:00至正午和13:00~19:30，周日7:30~12:30和15:30~21:00; Ⓜ Cadorna，🚊16）的导览游，才能看到《最后的晚餐》。这座教堂由Guiniforte Solari设计，后来布拉曼特也添加了一些设计。教堂反映出米兰公爵卢多维科·斯福尔扎（绰号“摩尔人”，il Moro）和贝亚特丽斯·德斯特（Beatrice d' Este）的华丽大气。教堂上方的拱顶由布拉曼特设计，拱顶内部两侧有壁画。

《大西洋古抄本》

《大西洋古抄本》(*Codex Atlanticus*)是世界上最全的达·芬奇手稿册。雕塑家彭佩欧·莱奥尼（Pompeo Leoni）把超过1700张达·芬奇的手稿集结成册，编成12卷，书页太沉了，甚至影响到手稿的保存。这些书卷现在被拆成单页，陈列在**纪念碑收藏室**（Sagrestia Monumentale; www.leonardo-ambrosiana.it; Via Caradosso 1; 成人/优惠 €10/8; ⌚周二至周日 8:30~19:00，周一 9:00~13:00和14:00~18:00; Ⓜ Cadorna; 🚊16）内被柔和光线照射的玻璃柜中。这个收藏室的壁画是布拉曼特的作品。

☑ 独家贴士

- 必须提前数周甚至数月预订《最后的晚餐》参观票。或者参加**Autostradale**（www.autostradale.it; Piazza Castello 1; 票 €65; ⌚周二至周日）的城市导览游，其中包括参观这幅画。
- 预订成功后，会给你指定一个需要严格遵守的参观时间。迟到的话，你的票会被重新出售。
- 提供多语种导览游（€3.50），必须提前预约。

✕ 吃喝落脚点

在Bar Magenta（见98页）跟当地人一起喝杯咖啡或啤酒。

在始于17世纪的Taverna Moriggi（见97页）吃顿晚餐，这个餐馆的气氛跟达·芬奇名画中的场景一样安静肃穆。

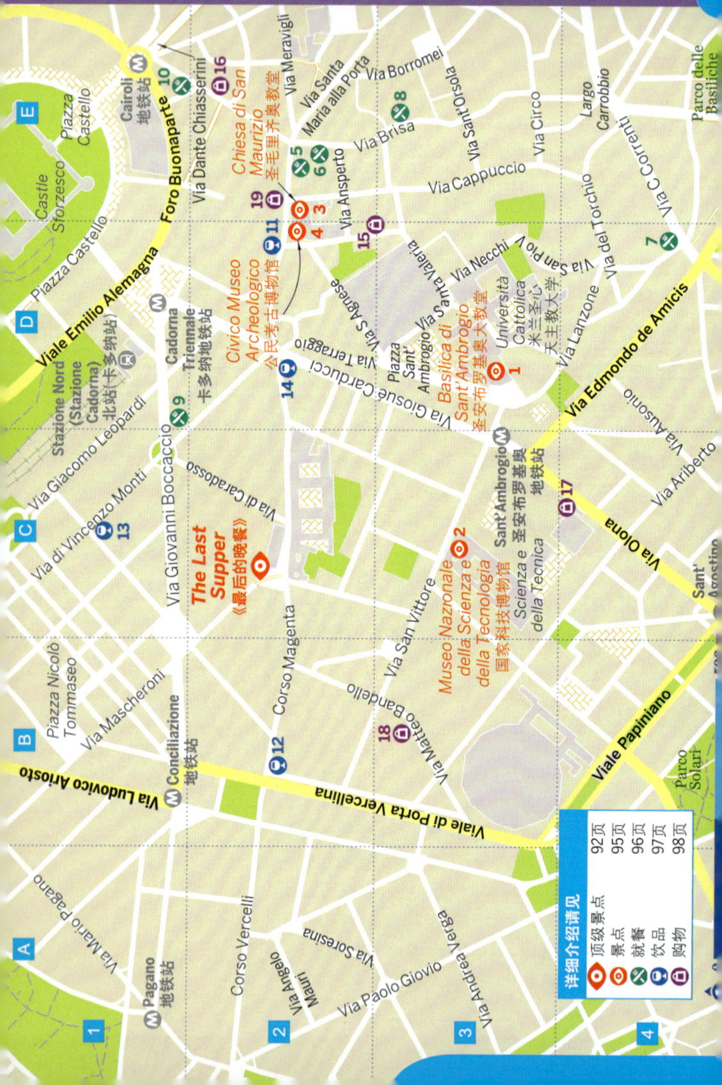
A
B
C
D
E
1
2
3
4
Castle Sforzesco
Piazza Castello
Cairoli 地铁站
Foro Buonaparte
Viale Emilio Alemagna
Stazione Nord (Stazione Cadorna) 北站(卡多纳站)
Cadorna Triennale 卡多纳地铁站
Via Dante
Chiasserini
Via Meravigli
Via Santa Maria alla Porta
Via Borromei
Via Brisa
Via Ansperto
Via Cappuccio
Via Sant'Orsola
Via Circo
Largo Carrobbio
Via C Correnti
Parco delle Basiliche
Chiesa di San Maurizio 圣毛里齐奥教堂
Civico Museo Archeologico 公民考古博物馆
Via S Agnese
Via Terraggio
Via Giosuè Carducci
Piazza Sant' Ambrogio
Via Santa Valeria
Via Necchi
Via San Pio V
Via del Torchio
Basilica di Sant'Ambrogio 圣安布罗基奥大教堂
Università Cattolica 米兰圣心天主教大学
Via Lanzone
Via Edmondo de Amicis
Via Ausonio
Via Ariberto
Sant'Ambrogio 圣安布罗基奥地铁站
Via Olona
Sant' Agostino
Via Giacomo Leopardi
Via di Vincenzo Monti
Via Giovanni Boccaccio
Via di Caradosso
The Last Supper 《最后的晚餐》
Museo Nazionale della Scienza e della Tecnologia 国家科技博物馆
Scienza e della Tecnica
Via San Vittore
Corso Magenta
Via Bandello
Via Matteo
Piazza Nicolò Tommaseo
Via Mascheroni
Conciliazione 地铁站
Via Ludovico Ariosto
Viale di Porta Vercellina
Viale Papiniano
Parco Solari
Via Mario Pagano
Pagano 地铁站
Corso Vercelli
Via Sorezina
Via Angelo Mauri
Via Paolo Giovio
Via Andrea Verga
详细介绍请见
顶级景点 92页
景点 95页
就餐 96页
饮品 97页
购物 98页

景点

圣安布罗基奥大教堂 宗座圣殿

1 见94页地图，D3

圣安布罗斯是米兰的守护神，也曾是个大名鼎鼎的主教，这个红砖教堂是他在公元379年修建的，他死后就埋葬在教堂地下室。最初的修建和后来的翻建都故意营造出一种简约风格，但效果却很惊人，成就了这个伦巴第罗马风格的教堂。闪闪发光的圣坛细瓷砖和那个刻着传记的公元835年祭坛装饰物（后者曾是圣安布罗斯石棺的外层），让光线昏暗的拱顶内部大放异彩。（☎02 8645 0895；www.basilicasantambrogio.it；Piazza Sant' Ambrogio 15；⏲周一至周六 10:00至正午和14:30~18:00，周日 15:00~17:00；Ⓜ Sant' Ambrogio）

国家科技博物馆 博物馆

2 见94页地图，C3

这个位于米兰的大型科技馆是意大利同类博物馆中最大的，孩子、未来的发明家和怪才们在馆内聚精会神地参观。在米兰建造这样的博物馆实至名归，因为列奥纳多·达·芬奇就曾经是个大发明家。建筑前身是16世纪的修道院，现在陈列超过一万件展品，包括按照达·芬奇机械草图制作的模型，室外有蒸汽火车、飞机、等比例大型帆船和意大利第一艘潜艇“恩里科·托蒂号（Enrico Toti）”。（☎02 48 55 51；www.museoscienza.org；Via San Vittore 21；成人/儿童 €10/7，潜艇导览游 €8；⏲周二至周五 9:30~17:00，周六和周日 至18:30；🚻；Ⓜ Sant' Ambrogio）

圣毛里齐奥教堂 教堂

3 见94页地图，E2

建于16世纪的皇家礼拜堂和女修道院圣毛里齐奥教堂是深藏在米兰王冠上的宝石，教堂每一寸面积都被精美的壁画覆盖，其中一些壁画是曾与达·芬奇一起工作的伯纳迪诺·吕伊尼的作品。许多壁画歌颂米兰的文学家伊波丽达·斯福尔扎（Ippolita Sforza）和当时斯福尔扎家族其他有影响力的成员。（Corso Magenta 15；⏲周二至周六 9:30~17:30，周日 13:30~17:30；Ⓜ Cadorna）

公民考古博物馆 博物馆

4 见94页地图，D2

建于8世纪的马焦雷修道院（Monastero Maggiore）曾是米兰最重要的本笃会女修道院，现在成为米兰的考古博物馆。入口在回廊，那里依稀可见古罗马城墙的废墟。一楼的展厅陈列着古罗马时代梅蒂奥拉努（Mediolanum，即后来的米兰）的重要文物，楼上是米兰历史展览，陈列着伊特鲁里亚、希腊、哥特和伦巴第风格的文物。有壁画的**Ansperto Tower塔**在建于3世纪的花园内，是梅蒂奥拉努城墙的遗址。（☎02 8844 5208；www.comune.milano.it/museoarcheologico；Corso Magenta 15；成人/儿童 €5/3；⏲周二至周日 9:00~17:30；Ⓜ Cadorna）

当地生活

圣西罗球场

10月至次年5月每隔一周，米兰的两个足球俱乐部——AC米兰（AC Milan）和国际米兰（FC Internazional Milano）——在地标性的**圣西罗球场**（San Siro Stadium; www.sansiro.net; Piazzale Angelo Moratti; Ⓜ San Siro）对战。每年两次（春季和秋季）的同城球队大战被称为"米兰德比"（Milan Derby, Derby della Madonnina），是意大利足球联赛最精彩的比赛之一。意甲球迷们可以参观**国际米兰博物馆**（Museo Inter e Milan; ☎02 404 24 32; www.sansiro.net; Via Piccolomini 5, Gate 21; 博物馆和导览游 成人/优惠 €17/12; ⌚9:30~18:00; 👪; Ⓜ Lotto, 🚇16, Piazzale Lotto开往球场的穿梭巴士），一站式参观赛事录像、纪念物品和奖杯。

就餐

De Santis　　三明治 €

5 🍴 见94页地图，E2

这家餐馆的三明治好吃极了，人们宁可不吃正餐，也要品尝夹着熏火腿、辣味山羊奶酪、意大利香肠、茄子和洋蓟的三明治。这家店经营了几十年，而且菜单上有200多种三明治，怪不得小小的店面门口总是排着长队。如果你幸运地抢到了座位，可以点杯生啤。（www.paninidesantis.it; Corso Magenta 9; 三明治 €6~8; ⌚正午至23:30; 👪; Ⓜ Cadorna）

La Brisa　　新派意大利菜 €€€

6 🍴 见94页地图，E2

绅士、文雅、精致。推开屏风门，领班会引导你走向摆放在庭院里的餐桌。餐桌上方是有着几百年树龄的欧椴树，藤蔓爬到墙上，粉红色的八仙花在微风中盛放。厨师Antonio Facciolo制作的应季菜肴同样雅致，他的招牌菜是加入桃金娘浆果汁的烤猪肉，十分美味。（☎02 8645 0521; www.ristorantelabrisa.it; Via Brisa 15; 餐 €50~70; ⌚周一至周五 12:45~14:30和19:45~22:30，周日 19:45~22:30; Ⓜ Cairoli, Cordusio）

Buongusto　　新派意大利菜 €€

7 🍴 见94页地图，D4

来品尝原创美食：铺在"冰镇"西芹上的南瓜馅小方饺入口即化，加入凤尾鱼、刺山柑和"白黄油"的鞑靼牛排也很美味。员工博学多识，会说多国语言，能帮你挑选菜肴。你也可以选择"惊喜套餐"（Surprise Menu, €70）。别忘了饭后再来一份橄榄磅蛋糕，这种巧克力蛋糕采用的是黑橄榄和fleur del sel（盐之花，是一种高级海盐）。（☎02 8645 2479; www.buongusto.eu; Via Caminadella 2; 餐 €35~40; ⌚周二至周六 正午至15:00和18:30至午夜; 🚇2, 14）

Taverna Moriggi

米兰菜 €€

8 见94页地图，E3

它是一家默默坚守在一栋17世纪建筑内的小酒馆，与这个一心展望未来的城市格格不入。锻铁的枝形大烛台柔和的光线照亮格子桌布，墙壁在几十年中都故意不去粉刷。菜单上款式不多，都是传统食物：藏红花意式烩饭、油腻的炖小牛肘和牛肉配粥。秋天的周二晚上有现场爵士乐。（☎02 8058 2007；www.tavernamoriggi.com；Via Morigi 8；餐 €25~35；⏰周一至周六 正午至14:30和19:45~22:30；🚊16，27）

Shockolat

意式冰激凌 €

9 见94页地图，D1

从店名即可看出这家意式冰激凌店出售大众喜爱的口味。巧克力主题包含多种口味：牛奶巧克力、黑巧克力、白巧克力、辣味巧克力、榛子巧克力（gianduja）和肉桂巧克力。很多人在店里吃帕尼尼意式三明治或自制蛋糕，但门外排队的都是来买杯装冰激凌和甜筒的。（☎02 4810 0597；www.shockolat.it；Via Boccaccio 9；小/中/大杯 €2.50/3/3.50；⏰7:30至次日1:00；❄ 👪；Ⓜ Cadorna）

Da Rita e Antonio

比萨 €

10 见94页地图，E1

这家做邻里生意的餐馆早在1972年就开业了，至今仍制作同样风味的食物：厚边的蓬松那不勒斯比萨加上来自Prati del Volturno乳制品厂的黏稠干酪、辣味萨拉米香肠和凤尾鱼配西西里刺山柑。菜单上也有自制丸子等其他菜肴，但既然已有经典美味，又何必考虑其他？（☎02 8755 79；http://daritaeantonio.it；Via Giacomo Puccini 2；比萨 €6.50~9；⏰周二至周五和周日 正午至15:00和19:00至午夜，周六 18:00至午夜；👪；Ⓜ Cairoli）

饮品

Boccascena Café

酒吧

11 见94页地图，D2

演员和艺术家三三两两地坐在桌边，他们有些参加当晚在Teatro Litta剧院的演出，有些则是看演出的评论家。Teatro Litta剧院是一栋18世纪的大宅（palazzo），拥有一个迷人的庭院和一座钟楼。这家酒吧位于大宅的一楼前厅，由现代化的镀铬枝形吊灯照明，光线充足，十分明亮。耳边肯定有不少即兴对白和轻浮的语言，听与不听决定权在你。（Corso Magenta 24；⏰周一 10:00~16:00，周二至周五 10:00~16:00和18:00~21:00，周六和周日 18:00~21:00；Ⓜ Cadorna）

Biffi Pasticceria

咖啡馆

12 见94页地图，B2

从1847年开业到现在几乎没有变化，仍然骄傲地保留着曾令教皇庇护十世（Pope Pius X）满意的传统panetùn（意式节日水果糕点）配方。擦得锃亮的胡桃木吧台和穆拉诺枝形吊灯营造出旧世界的优雅情调依旧吸引着米兰人，他们在店里约会，享用奶油蛋糕、咖啡和鸡尾酒。（☎02 4800 6702；www.biffipasticceria.it；Corso Magenta 87；⌚7:00~20:30；🚻；Ⓜ Conciliazione）

Pasticceria Leonardo 咖啡馆、酒吧

13 见94页地图，C1

这家受欢迎的咖啡馆紧邻热闹的Via Vincenzo Monti路，美好的一天从丝绸般柔滑的卡布奇诺和清淡的早餐奶油蛋卷开始。上午客人喝普罗塞克鸡尾酒、吃三明治，中午吃香草橄榄油面包、喝葡萄酒，然后就着浆果馅饼喝茶。到了18:00，来喝鸡尾酒的客人们涌向室外座位欣赏落日。（☎02 439 03 02；Via Aurelio Saffi 7；⌚7:00~23:00；Ⓜ Cadorna）

> **了解当地**
>
> **宫廷画家**
>
> 在《年轻男子肖像》（*Portrait of a Young Man*，约1486年）及卢多维科两位情妇的肖像画《抱银貂的女人》（*Lady with the Ermine*，约1486年）和《美丽的费隆妮叶夫人》（*La Belle Ferronière*，约1490年）中，达·芬奇一改肖像画的严格教条，尽量以自然主义的笔法刻画高度独立的个体形象。之后，他完善了理想化比例和刻画内心情感状态等概念[如《圣杰罗姆》（*St Jerome*），约1488年]，他的代表作《最后的晚餐》忠实地反映了上述理念。

Bar Magenta 酒吧

14 见94页地图，D2

这是一家古老的酒吧，找张椅子坐下来，等着米兰人来找你。白天借着意式浓缩咖啡、三明治和啤酒打发时间，傍晚可以跟学生们一起喝现酿的葡萄酒。（☎02 805 38 08；http://barmagenta.jimdo.com；Via Giosué Carducci 13；⌚周一至周三和周日8:00~19:30，周四 至22:30，周五和周六 至次日2:00；Ⓜ Cadorna）

购物

Galleria L' Affiche 艺术品

15 见94页地图，D2

这家商店是二手海报、艺术印刷品、节目单和照片的宝库，有一批忠实的艺术家客户，他们把自己最好的作品委托给商店出售。几块钱就能买数张二手明信片，几百块能买到全集。即使什么都不买，也可以饶有兴致地逛上几个小时。（☎02 8645 0124；www.affiche.it；Via Nirone 11；⌚周一14:30~20:00，周二至周六10:00~20:00；🚊16）

Risi 时装

16 见94页地图，E2

直奔Risi买几件米兰时装。这里能买到柔软的灰色和白色亚麻衬衫和裤子，颜色素净的透气面料polo衫，以及舒适的经典细条纹海滩装。适合当下季节的布料厚度和织法，再加上没有品牌标志，让你看

Spazio Rossana Orlandi

起来跟当地人没什么两样。(☎02 8909 2185; www.risimilano.com; Via San Giovanni sul Muro 21; ⏰周一 15:00~19:30, 周二至周六 10:00~14:30和15:00~19:30; Ⓜ Cairoli)

MUST Shop

博物馆商店

17 🔒 见94页地图, C4

国家科技博物馆的概念商店是购买科技书籍、设计感十足的商品、小物件和棋盘的好地方, 简直妙极了。个人最喜欢的商品包括潜艇淋浴灯, 葡萄酒瓶塞做成的"瓶塞"机器人, 以及星空投影仪——用它在身边的天花板上就能打出美丽的星空。从博物馆或经由Via Olona路进入商店。(☎02 4855 5340; www.mustshop.it; Via Olona 6; ⏰周二至周日 10:00~19:00; 👪; Ⓜ Sant' Ambrogio)

Spazio Rossana Orlandi

家庭用品

18 🔒 见94页地图, B3

这个大名鼎鼎的室内装饰工作室位于马根塔区, 前身是个领带工厂, 位置很难找。但是一旦走进店里, 梦幻般的宝库让人不想离开。出售大量由年轻的和崭露头角的艺术家们设计的二手和当代限量版商品。(☎02 46 74 47; www.rossanaorlandi.com; Via Matteo Bandello 14; ⏰周一 15:00~19:00, 周二至周六 10:00~19:00; Ⓜ Sant' Ambrogio)

当地生活
托尔托纳创意区 (Zona Tortona)

到达和离开

Ⓜ **地铁** 乘坐M2线(绿线)到Porta Genova站下车，出站后穿过涂鸦桥(Graffiti Bridge)到达该站的左侧。

托尔托纳创意区的前身是工薪阶层的廉价公寓和工厂聚集区，如今却到处都是设计公司、工作室以及小餐馆。这里是迪赛尔(Diesel)和阿玛尼(Armani)的总部所在地[在Via Bergognone街上可以看到安藤忠雄(Tadao Ando)设计的阿玛尼总部]。在4月的“家具博览会”(Salone del Mobile)期间，该地区举办卫星展、发布会以及多场社交聚会，本身已经成了一处创意圣地。

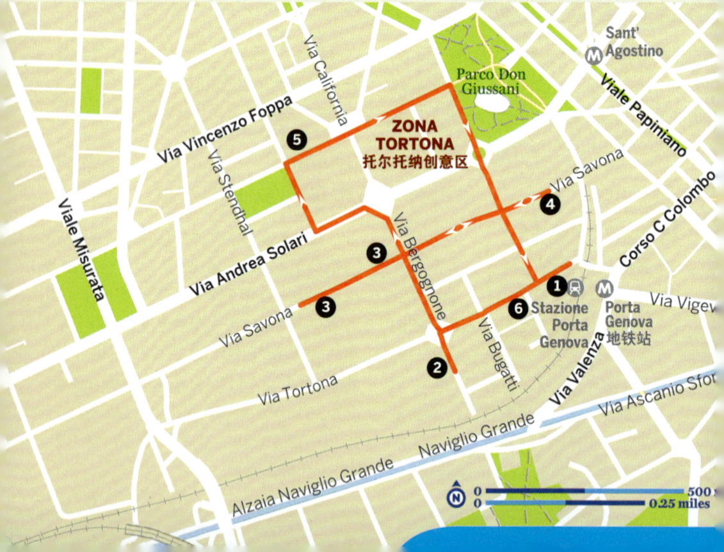

❶ Cafè del Binari的咖啡

咖啡馆的命名源于给米兰带来现代气息的铁路，自由风的**Cafè del Binari**（Via Tortona 3；⌚8:00~17:15；Ⓜ Porta Genova）反映了铁路时代带来的所有繁华与魅力。胖嘟嘟的红色半圆靠背椅、红木雕的吧台和模板印刷墙会将你一下子拉进一个更加奢华的年代。

❷ 阿玛尼展览馆

1983年，当*Vogue*的艺术总监意大利人弗拉维·奥卢基尼（Flavio Lucchini）在脏乱的Via Tortona街上开设摄影工作室时，所有人都觉得他疯了。但是现在这一地区却吸引了众多的设计师、艺术家和摄影师。难怪乔治·阿玛尼（Giorgio Armani）决定在这里开设新的遗产博物馆**阿玛尼展览馆**（Armani Silos；☎02 9163 0010；www.armanisilos.com；Via Bergognone 40；成人/优惠 €12/8.40；⌚周二、周三、周五和周日 11:00~20:00；周四和周六 至22:00；Ⓜ Porta Genova）。

❸ 时尚午餐

托尔托纳创意区到处都是极具想象力的优质餐馆，其中比较有名的有素食餐厅**Al Fresco**（☎02 4953 3630；www.lafrescomilano.it；Via Bergognone 50；餐 €30~40；⌚12:30~15:30和19:30至次日1:00；🍷；Ⓜ Porta Genova；🚋14）以及时髦独特的20世纪50年代小酒馆**Angelo's**（☎02 455 48 64；www.angelos.it；Via Savona 55；餐 €15~25；⌚周一至周六 12:30~14:45和19:30~22:30；🚋14），最适合早午餐和清淡的混搭午餐。

❹ 设计图书馆

如果要感受托尔托纳的艺术氛围，最好的地方莫过于**设计图书馆咖啡厅**（Design Library Café；☎02 8942 3329；www.designlibrary.it；Via Savona 11；餐 €15~20；⌚周一 7:30~22:30，周二至周四 至23:30，周五 至次日2:00，周六 17:00至次日2:00；❄；Ⓜ Porta Genova）。这家图书馆（会员年费€25）是设计爱好者的理想去处。

❺ 概念购物

来自撒丁岛的设计师安东尼奥·马拉斯（Antonio Marras）的**Nonostantemarras**（☎02 7628 0991；www.nonostantemarras.it；Via Cola di Rienzo 8；⌚周二至周六 10:00~19:00；🚋14）是一家颇具异域风情的概念商店，隐匿在一处青藤掩映的院落中。这里充满了喜爱收藏者的手工艺术品、书籍以及马拉斯设计的极具创造力、色彩鲜艳的高级时尚服装。

❻ 设计师饮品

在家具博览会期间，整个托尔托纳创意区因为**米兰设计周**（Fuorisalone；http://fuorisalone.it；⌚4月）而热闹起来。展会期间，国际性的设计方案则在高格调的酒吧中涌现，如**Les Gitanes**（www.lesgitanesbistrot.it；Via Forcella 2a；鸡尾酒€8~10；⌚周一至周四 8:00至午夜，周五 至次日2:00，周六 18:30至次日2:00；Ⓜ Porta Genova）。

探索

纳维利

纳维利区的得名源于其最显著的特点——运河，运河作为中世纪米兰的“高速公路”，为这个城市带来了大量财富。随着铁路的出现、第二次世界大战爆发以及后来的疏于管理，最终导致20世纪70年代河运被关闭。近些年来，运河又成为两岸的书店、精品店和酒吧等风景线的“背景墙”，成就了米兰最令人神往的波希米亚风情区。

一日游行程

早上在**Gattullo**（见104页）吃完美味的起酥，慢慢往西走，欣赏**波尔蒂纳里小教堂**（Portinari chapel，见107页）内的珍宝，然后经过Piazza XXIV Maggio广场旁边翻修的码头和市场。Naviglio Grande运河和Pavese运河从这里一路蜿蜒向南。随便骑一辆自行车，到处转转或登上一辆**Navigli Lombardi**（见105页）的驳船游览1个小时。

如果回来得早的话，推荐你在**Le Vigne**（见108页）或**Mercato Metropolitano**（见108页）吃慢食午餐，然后沿着Ripa di Porta Ticinese大街逛一逛时髦的店铺，待到将近傍晚时，可以一路逛到**San Lorenzo Columns**（见107页），在**Gelateria le Colonne**（见109页）买个冰激凌，可能会在广场遇到街头艺人为你演奏小夜曲。

现在夜幕开始降临，在复古风的**Cuore**（见110页）匆匆喝下一杯后，直接去Naviglio Grande运河，从**Mag Café**（见109页）到**Ugo**（见109页）逐家买醉，最后来到**Fonderie Milanesi**（见105页）或**Cox 18**（见105页）。

想在纳维利体验一天运河边的当地生活，见104页。

米兰最佳

就餐

Gattullo（见104页）

Langosteria 10 Bistrot & Bottega（见107页）

Le Vigne（见108页）

Basara（见107页）

饮品

Mag Café（见109页）

Fonderie Milanesi（见105页）

Bar Rita（见105页）

娱乐

Cox 18（见105页）

米兰礼堂（见110页）

Nibada Theatre（见111页）

到达和离开

Ⓜ **地铁** M2线（绿线）的Porta Genova站是距Via Vigevano街和Naviglio Grande运河最近的站。

有轨电车 乘坐3路有轨电车，可以去逛Corso di Porta Ticinese大街、Piazza XXIV Maggio广场和Alzaia Naviglio Pavese运河周边的商店。

有轨电车 9路有轨电车从Porta Genova往东一直到Via Vigevano街和Viale Col di Lana大道。

当地生活
运河边的生活

自文艺复兴时期起，米兰的运河两岸鳞次栉比的仓库和厂房就开始孕育各种创意和产业，当地人周末喜欢来这里购物，在运河边喝酒吃饭。世博会之后，这个地方得到进一步发展，步行街道进行了翻修，新添了自行车道，历史悠久、意义非凡的码头也得以重建。

❶ 在Gattullo吃早餐

早一点起，趁着当地人还没有席卷桃金娘浆果（myrtle-berry）口味的羊角面包和塞满奶油酥脆的sfogliatelle（分层的片状起酥）之前去**Gattullo**（☎02 5831 0497；www.gattullo.it；Piazzale di Porta Lodovico 2；起酥 €1.50起；⊙9月至次年7月 7:00~21:00；❄ 👪；🚋3，9）吃量多且美味的起酥。周末时候，你就可以坐在店里面，凝视蛋糕柜台和梦幻般的20世纪70

年代穆拉诺吊灯。

❷ 在达勒塞纳闲逛

2015年米兰世博会的遗产之一就是米兰新翻修的码头达勒塞纳(Darsena),它曾是米兰一个重要码头,位于Naviglio Grande运河和Pavese运河的交汇处,现在则变成了一个绿树成荫的步行街广场,码头旁边是**Nuovo Mercato Ticinese**(Piazza XXIV Maggio; ⌚周二至周六 8:30~13:00和16:00~20:00; Ⓜ Porta Genova, 🚋3)菜市场和一个绿草茵茵的公园。

❸ 乘船游玩

运河曾经是中世纪米兰的"高速公路",木材、大理石、盐、油和葡萄酒都是经运河运进城,其中最大的一条运河Naviglio Grande运河从一条灌溉水渠发展为13世纪末米兰最繁忙的交通枢纽。4月至9月,你可以乘坐**Navigli Lombardi**(☎02 667 91 31; www.naviglilombardi.i; Alzaia Naviglio Grande 4; 成人 €8~12; ⌚4月至9月; Ⓜ Porta Genova, 🚋3)的船游览这里。

❹ 周边市场

如果你在某月的最后一个周日来这里,就会看到沿着Naviglio Grande运河一连2公里长的古董市场——**Mercatone dell' Antiquariato**(www.navigliogrande.mi.it; Alzaia Naviglio Grande; ⌚每月的最后一个周日 9:00~18:00),有400多位经审查合格的古玩商和二手货交易商,在这里逛几个小时,享受寻宝的乐趣。

❺ 随便看看

纳维利的老仓库和便宜的租金,吸引了一批艺术家和音乐家,他们的电子工作室林立在运河边,在**Dischivolanti**(☎02 8940 1623; Ripa di Porta Ticinese 47; ⌚周一至周四 10:00~13:00和15:00~19:45,周五和周六 至午夜,周日 14:00~20:00; Ⓜ Porta Genova)和当地人一起翻翻古典唱片或者在**SuperGulp**(☎02 837 22 16; www.supergulp.net; Alzaia Naviglio Grande 54; ⌚10:00~13:00和15:00至午夜; Ⓜ Porta Genova)欣赏艺术漫画与海报。

❻ 欢乐时光

周末的晚上和夏夜,城里各个角落的米兰人都来纳维利欢度欢乐时光(aperitivo,见109页),几乎沿着Navigli Grande运河的每一家酒吧都提供欢乐时光自助餐,但是当地人偏爱**Bar Rita**(☎02 83 28 65; Via Fumagalli 1; 鸡尾酒 €5~9; ⌚周一至周六 18:30至次日2:00; Ⓜ Porta Genova),以及改造过的很酷的金属铸造间**Fonderie Milanesi**(www.fonderiemilanesi.it; Via Giovenale 7; 欢乐时光 €8; ⌚19:00至次日2:00; 🚋15)。

❼ 泡吧

纳维利是米兰毫无争议的夜生活好去处,堪比巴黎的左岸(Left Bank)或伦敦的Soho。说到体验米兰夜生活,**Cox 18**(www.cox18.noblogs.org; Via Conchetta 18; Ⓜ Romolo)一直颇受欢迎,这是个自主经营的社区,隐匿在街头画家Blu所绘的一片很赞的街头涂鸦后面,晚上这里有音乐会、乐队、辩论会以及展览。

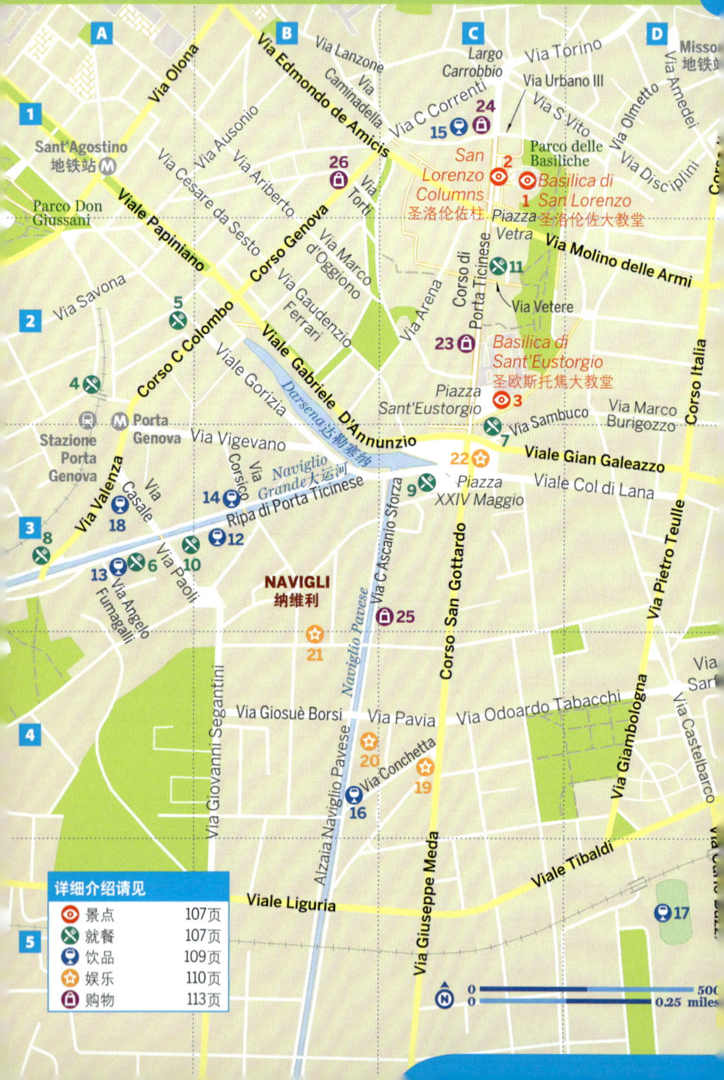

A
B
C
D
1
2
3
4
5
Via Olona
Via Edmondo de Amicis
Via Lanzone
Via Caminadella
Largo Carrobbio
Via Torino
Via Urbano III
Via S Vito
Via Olmetto
Via Amedei
Via Disciplini
Via C Correnti
Sant'Agostino 地铁站
Via Ausonio
Via Cesare da Sesto
Via Ariberto
Via Torti
Parco Don Giussani
Viale Papiniano
Corso Genova
Via Marco d'Oggiono
Via Gaudenzio Ferrari
San Lorenzo Columns 圣洛伦佐柱
Basilica di San Lorenzo 圣洛伦佐大教堂
Parco delle Basiliche
Piazza Vetra
Via Molino delle Armi
Via Vetere
Corso di Porta Ticinese
Via Arena
Via Savona
Corso C Colombo
Viale Gorizia
Darsena达勒塞纳
Viale Gabriele D'Annunzio
Basilica di Sant'Eustorgio 圣欧斯托焦大教堂
Piazza Sant'Eustorgio
Via Sambuco
Via Marco Burigozzo
Corso Italia
Stazione Porta Genova
Porta Genova
Via Vigevano
Via Corsico
Naviglio Grande大运河
Viale Gian Galeazzo
Piazza XXIV Maggio
Viale Col di Lana
Via Valenza
Via Casale
Ripa di Porta Ticinese
Via C Ascanio Sforza
Via Paoli
Via Angelo Fumagalli
NAVIGLI 纳维利
Naviglio Pavese
Corso San Gottardo
Via Pietro Teulle
Via Giovanni Segantini
Via Giosuè Borsi
Via Pavia
Via Odoardo Tabacchi
Via Giambologna
Via Castelbarco
Via Conchetta
Alzaia Naviglio Pavese
Via Giuseppe Meda
Viale Tibaldi
Viale Liguria
详细介绍请见
景点 107页
就餐 107页
饮品 109页
娱乐 110页
购物 113页
0.25 miles

景点

圣洛伦佐大教堂

教堂

1 见106页地图，C1

这处经常被人忽视的地方因为混杂着塔、小旅馆、壁龛以及教堂的圆顶，总叫人大吃一惊。但是除去这些表象，它真的是一座教堂。教堂的中心是一个早期基督教教堂的圆形结构，有3个相邻的八角形小礼拜堂，时间可以追溯到4世纪。留存至今的古罗马风格的门廊一直通向教堂的中心，门廊前矗立着16根古罗马柱子，现在是热恋中的青年们热衷的去处。（Basilica di San Lorenzo；www.sanlorenzomaggiore.com；Corso di Porta Ticinese 39；周一至周六 8:00~18:30，周日 9:00~19:00；2，14）

圣洛伦佐柱

考古遗址

2 见106页地图，C1

16根独立的来自米兰梅蒂奥拉努鼎盛时期的科林斯式柱出自一处坍塌的古罗马住宅，立在这里形成了新教堂的柱廊，散发着它们的异教徒精神。欢迎来到一个让人夜夜开怀畅饮啤酒的旧址。（San Lorenzo Columns；Corso di Porta Ticinese；2，14）

圣欧斯托焦大教堂

教堂

3 见106页地图，C2

圣欧斯托焦大教堂是米兰最古老的教堂之一，建于4世纪，当时是为了存放3位国王的骨灰。其和谐的外表掩盖了米兰曾经作为宗教裁判所大本营这一段蛊惑民心的过往，但是最吸引人的地方在于波尔蒂纳里私人所有的**波尔蒂纳里小教堂**（成人/优惠 €6/3；10:00~18:00；2，3，9）。作为米兰美第奇家族银行的代表人，波尔蒂纳里有足够的钱来挥霍建造米兰最漂亮的文艺复兴风格小礼拜堂，礼拜堂是哥特式风格，壁画则是温琴佐·福帕（Vincenzo Foppa）的杰作。（Basilica di Sant' Eustorgio；Piazza Sant' Eustorgio；7:45~18:30；2，3，9）

就餐

Basara

寿司 €€€

4 见106页地图，A2

在米兰人才济济的寿司圈成名并非易事，但是大厨Hiro的龙虾寿司卷却有特殊的吸引力，让这个地方每晚两度爆满。鱼生特别棒，尤其是红色的西西里虾，盛在黑色的盘子里，再撒上一些海盐。（02 5811 1649；www.basaramilano.it；Via Tortona 12；餐 €50~70；周一至周六 8:30~15:30和19:00至次日00:30；M Porta Genova）

Langosteria 10 Bistrot & Bottega

海鲜 €€

5 见106页地图，A2

在这家大理石吊顶的巴黎风格的小餐馆找个座，点一杯香槟搭配你的龙虾或阿拉斯加帝王蟹沙拉。不过你一定得快点儿，不然的话，你可能会被时尚编辑或浪漫情侣挤到外面，徒然地瞪着眼瞧他们吃美味的龙虾菜肴和绝妙的金枪鱼鞑靼。(☎02 5810 7802; www.langosteria10bistrot.it; Via Privata Bobbio 2; 餐 €30~40; ⏲周二至周日 正午至15:00和19:00~23:30; 📶; Ⓜ Porta Genova)

Le Vigne

意式餐厅、米兰菜 €€

6 见106页地图，A3

闭上眼随便在菜单上选就是了，因为唯有如此，你才能不被众多菜品搞得眼花缭乱：填满手工制作的草药鲜奶酪的西葫芦花，搭配虾和金莲花的意大利饭，八爪鱼沙拉，以及朝鲜蓟和西葫芦。(☎02 837 56 17; Ripa di Porta Ticinese 61; 餐 €25~35; ⏲周一至周六 正午至15:00和19:00~23:00; Ⓜ Porta Genova)

Ristorante Sant' Eustorgio

米兰菜 €€

7 见106页地图，C3

餐厅的位置非常好，正好可以在这里俯瞰圣欧斯托焦大教堂，这家宜人的小酒馆菜品丰富，顶好的切块肉尤其有名。米兰风格的小牛排，在澄清的奶油中慢慢煨制(可以让外皮更脆)，然后跟樱桃、番茄和沙拉一起端上桌，这才是亮点。最好搭配旁边店铺Oltrepo Pavese出售的清淡的红葡萄酒。(Basilica di Sant' Eustorgio; ☎02 5810 1396; www.sant-eustorgio.it; Piazza Sant' Eustorgio 6; 餐 €25~40; ⏲正午至23:30; ❄; 🚋3)

Mercato Metropolitano

意大利菜 €

8 见106页地图，A3

米兰的新美食市场一直呼吁"意大利美食好吃不贵"，市场位于Porta Genova运河附近的老铁路住宅区，食品小摊出售龙虾、DOP弗朗齐亚柯达(Franciacorta)红葡萄酒以及用长达24年的圣丹尼尔(San Daniele)火腿制作的美味帕尼尼意式三明治。植物摊、手工冰激凌推车、精酿啤酒、鸡尾酒供应商，甚至还有烹饪班和讲座，给人一种乡村集市的快活感。(www.mercatometropolitano.com; Porta Genova; 餐 €10~20; ⏲周一至周四 11:00至午夜，周五 至次日2:00，周六 9:00至次日2:00，周日 9:00至正午; 👪; Ⓜ Porta Genova)

Il Kiosko

鱼和薯条 €

9 见106页地图，C3

这家是位于米兰新翻修的码头旁的鱼店，可以在烹饪摊前点一份意大利风格的鱼和薯条、鱼汉堡或双拼炸鱼(fritto misto)，这里的鱼再新鲜不过了。想不出在哪里吃？直接走到码头西端的一个小公园去。(Piazza XXIV Maggio 24; 炸鱼 €3~5; 周二至周日 10:00至午夜; 👪; 🚋9)

Al Pont de Ferr

意大利菜 €€

10 见106页地图，A3

纳维利的餐馆/酒吧(osterie)在美食方面常令人失望，但Al Pont de Ferr却非常出众，它的随意让你怀疑这个价格并非是“游客通胀价”。仔细看，你会注意到他们对细节的重视以及一些有趣的当地食材，比如，炖兔肉、奶酪火锅（fonduta piemontese）、朝鲜蓟糊糊和茴香汤上的鳕鱼干（baccalà）。（☎02 8940 6277；Ripa di Porta Ticinese 55；餐 €35~45；🕐12:00~14:30和20:00至次日1:00；🚋9）

Gelateria le Colonne 意式冰激凌 €

11 见106页地图，C2

来这里吃手工的冰激凌，有各种诡异的口味：稻米味、杏仁酒味或橘子花味，以及特制产品，如来自危地马拉韦韦特南戈（Huehuetenango）的咖啡和填满榛子巧克力的诱人可丽饼。（Corso di Porta Ticinese 75；冰激凌 €2~3；周一至周四 12:30至次日1:30，周五和周六 12:30至次日2:00，周日 15:00至次日1:00；Ⓜ Porta Genova）

饮品

Mag Café 酒吧、咖啡馆

12 见106页地图，B3

这家是米兰的一家地下酒吧，扶手椅上盖着威士忌色的天鹅绒，桌面统一是大理石，用波斯碎布头缝制的拼布，鸟巢一般的大灯罩。正如这里的装饰风格一样，这里的饮品也颇具新意，拿一些有意思的香草和糖浆调制，再用复古风格的玻璃杯装着端上来，周末时候，Mag的早午餐也很受欢迎。（Ripa di Porta Ticinese 43；鸡尾酒 €7~9，早午餐 €10；🕐周一至周五 7:30至次日2:00，周六和周日 9:00至次日2:00；🚋2，9）

Bar Rita 鸡尾酒吧

13 见106页地图，A3

在这家美式的鸡尾酒吧可以喝到特别有新意的鸡尾酒和稍加创新的经典酒，要试试他们特有的“老式”内格罗尼酒（negroni），加杜松子酒、金巴利（Campari）、卡帕诺（Carpano）和苏打。（☎02 83 28 65；Via Fumagalli 1；鸡尾酒 €5~9；🕐周一至周六 18:30至次日2:00；Ⓜ Porta Genova）

Ugo 鸡尾酒吧

14 见106页地图，B3

作为嬉皮士大本营的Ugo有一种20世纪50年代的氛围，比较吸引现代的“盖茨比”们，在这里，他们会发觉自己需要一杯朗姆酒或一杯用波旁威士忌做基酒调

当地生活

欢乐时光（Aperitivo）

在世界上其他地方的欢乐时光大约就意味着减价出售啤酒和不新鲜的薯片，但在米兰却并非如此。这里晚上营业的欢乐时光餐厅一般开两三个小时，从18:00左右开始，花上€8~20就可以喝到鸡尾酒、葡萄酒或啤酒，还有不限量的自助餐，有意式烤面包、佛卡夏面包、腊肉、沙拉，甚至还有海鲜和意面。拿个盘子，敞开吃吧。

制的鸡尾酒，如Little Easy[威士忌、贝萨梅颂（Peychaud）、柳橙苦酒和苦艾酒]。同时还有经典的美国汉堡，采用上等的Fassone牛肉（€14）。（www.ugobar.it; Via Corsico 12; 鸡尾酒 €8; 周一至周五 8:30至次日3:00，周六 17:00至次日3:00，周日8:30~15:00; M Porta Genova）

Cuore

酒吧

15 见106页地图，C1

复古的Cuore一心一意投入了大量的钱财在其复古的20世纪50年代家具、放映另类电影的电视屏和Hawaii Five-O鸡尾酒上，包括以鲜花做配饰的凤梨可乐达（piña coladas）和迈泰鸡尾酒（mai tais），这里很受米兰圣心天主教（Sacro Cuore）大学的学生们欢迎。如有需要，舒适闲散的欢乐时光也提供素食。（02 5811 8311; www.cuoremilano.it; Via Mora 3; 鸡尾酒 €5~8; 18:00至次日2:00; 2, 14）

Sacrestia Famacia Alcolica

酒吧

16 见106页地图，B4

这里曾经是一家妓院，如今还保留了自己"逢场作戏"的特色，后由罗马教廷改造为一家药店，现在提供"炼金术"鸡尾酒，博顾客一乐。在如梦幻一般的巴洛克装饰中抿一口味道浓厚的莫吉托鸡尾酒，然后溜到地下室去看米兰新秀们的现场音乐表演，如果你饿的话，尝尝这家的特色——阿布鲁齐式烤肉串。（www.sacrestia.com; Via Conchetta 20; 鸡尾酒€6~8; 18:00至次日2:00; 3, 9）

Surfer's Den

酒吧

17 见106页地图，D5

这家有点怪异的提基鸡尾酒酒吧位于一处丑陋的运动中心Centro Sportivo Savorelli内，上面是一个很好看的室外花园，装备齐全的烤架、折叠式躺椅和DJ演出设备。如果你全神贯注地盯着你鸡尾酒杯上美丽的雨伞和一连串的炫光，会生出身在海滩的错觉。（Piazza Caduti del Lavoro 5; 周一 17:00至次日3:00，周二至周六 19:00至次日2:00; 15）

La Vineria

葡萄酒吧

18 见106页地图，A3

La Vineria摒弃了所有欢乐时光的喧闹，提供玻璃杯、饮料瓶和直接从桶里拿的瓶装葡萄酒（以及橄榄油），一杯葡萄酒才花€2，并非常见的€8。如果你愿意吃点儿东西，热情的服务员会很乐意提供丰盛的奶酪和肉（€5~7）。（02 8324 2440; www.la-vineria.it; Via Casale 4; 周一至周六 10:30~13:30，周日 16:00至午夜; M Porta Genova）

娱乐

米兰礼堂

古典音乐

19 见106页地图，C4

米兰礼堂会举办古典音乐会。（Auditorium di Milano; 02 8338 9422; www.auditoriumdimilano.org; Largo Gustav Mahler;

Scimmie

⌚售票处 周二至周日 14:30~19:00；🚊3, 9）

Scimmie

现场音乐

20 ⭐ 见106页地图，B4

爵士、另类摇滚和布鲁斯是这些新秀的必备才艺，他们的演出既有在室内的，也有在外面花园里的，夏天时候甚至还在爵士船上举行。无论哪种形式，观众都人满为患。音乐会22:00开始。（www.scimmie.it; Via Cardinale Ascanio Sforza 49; 门票 €10; ⌚周二至周六 20:00至次日3:00; Ⓜ Porta Genova）

Nibada Theatre

现场音乐

21 ⭐ 见106页地图，B4

这处不显眼的小剧院位于到处都是涂鸦的Via Gola街，因举办了多场一流现场音乐表演而声名鹊起，风格涉及纯正的布鲁斯、灵魂音乐、民谣以及摇滚乐。更好的地方在于，门票是免费的（出乎意料）——如果你能挤进去的话。（www.nibada.it; Via Gola 12; ⌚22:30起; 🚊3）

Le Trottoir

卡巴莱、现场音乐

22 ⭐ 见106页地图，C3

具有传奇色彩的Le Trottoir以前是德雷塞拉码头一处海关收费口，从这里再去

了解当地

以设计为生

从你每天早上泡意式浓咖啡的杯子再到你睡前熄灭的床头灯，背后都有相应的设计师，而且几乎米兰的每个人都知道他们的名字。

设计的根

在米兰，意式设计的根可以追溯到20世纪30年代，当时三年中心（Triennale）开业，耶拉（Fiera）展览中心发展成为一个现代化的市场，随着大规模工业设计在意大利姗姗来迟，无论现代主义的严苛风格如何猛烈抨击，追逐装饰的风尚仍然在生产过程中一直延续着。

哲学家–建筑师

随着第二次世界大战的结束，米兰当局忙着重建被炮弹袭击过的城市，好在20世纪30年代和40年代兴起了一代哲学家–建筑师（吉奥·彭蒂、皮耶罗·弗纳塞提、恩佐·马里、卡斯蒂格利奥尼兄弟、马利奥·贝利尼、盖·奥伦蒂、艾托瑞·索特萨斯），他们充满了现代主义的乐观，坚信设计师和建筑师应立足于创造的物品和空间，不仅要注重功能性，同时也要注重其美感。

从生产者……

得天独厚的优势——临近布里安扎（Brianza）北部的伦巴第（Lombard）区的手艺精湛的手工业者，使米兰的设计师们受益匪浅，有很多小手工作坊从事纺织业（科莫的丝厂）、木工活（生产家具和乐器）、皮革制作以及金属制作，布里安扎提供了技术力量，使现代主义者的梦想成真。

……到市场

布里安扎的手工作坊始终保持精湛的水准，他们通过米兰的耶拉进一步转化为现代化的销售和生产技艺。随着1933年三年中心贸易展的开幕，米兰为设计师、建筑师和生产者提供了一个共聚一堂的论坛，这种生产商和市场之间的关系建立了一种良性的互惠共生，使创造力和商业两相结合，最终使意大利设计能够找准定位，生产出现代主义者理想中既让人喜欢又十分有用的物品。

纳维利其他地方喝东西非常方便。这里常举办一些文化活动、现场音乐表演以及卡巴莱歌舞表演。楼上的Andrea Pinketts休息厅充满色彩迷幻的黄、蓝和红，在这儿喝东西，抑或在夏天与其他成千上万的狂欢者一起到马路上放纵。（☎02 837 81 66; www.letrottoir.it; Piazza XXIV Maggio 1; 门票€10; ⌚23:00至次日2:00; 🚊3, 9）

购物

Mauro Leone　鞋

23 🔒 见106页地图，C2

Mauro Leone深受预算有限的时尚达人的青睐，这里纯手工制作的意大利鞋风格各异，一双€50~80。从钴蓝色的中跟高帮鞋到鞋头尖尖的法拉利红的芭蕾舞平底鞋（ballerina pump），应有尽有，难怪米兰人钟爱Mauro的鞋。（☎02 5810 5041; www.mauroleone.com; Corso di Porta Ticinese 103; ⌚周一 15:00~19:30，周二至周六10:00~19:30; 🚊2, 9）

Bivio　时尚

24 🔒 见106页地图，C1

Bivio由旧金山的Hilary Belle Walker所创立，是一家提供质量顶尖的"二手货"时尚店，这里所出售的时尚商品价格较原价低了很多。眼光独到的Hilary保证了她店内为忠实的买家提供的都是最新潮的时尚和颜色，而出售者也很高兴将自己的售出所得挥霍到别的东西上。这是在米兰，一定可以谈一个好价钱。（☎02 5810 8691; www.biviomilano.it; Via Mora 4; ⌚周二至周日 11:00~19:30; 🚊2, 14）

Contrasto Galleria　艺术品

25 🔒 见106页地图，C3

这可能是米兰一流的商业摄影展画廊，它展示了国际知名摄影师的作品，包括威廉·克莱因（William Klein）和厄文·奥拉夫（Erwin Olaf）的作品，也有一些很有意思的复古照片以及新兴艺术家的作品，多为意大利人。就那些不是很知名的艺术家而言，其作品的价钱也是非常亲民的。（☎02 8907 5420; www.contrastogalleria.com; Via Ascanio Sforza 29; ⌚周二至周六 15:00~19:00; 🚊3, 9）

Biffi　时尚

26 🔒 见106页地图，B1

超棒的零售商Biffi早在乔治·阿玛尼和范思哲成为家喻户晓的名字之前就看出了他们是潜力股。最近，Biffi让米兰的女性迷上了美国"狂热品牌"的牛仔裤。她有一种特殊的能力，可以辨析出最新的潮流，并让这些潮流为墨守成规的米兰人所用，可以看看她的男女款国际时尚重磅精选。（☎02 831 16 01; www.biffi.com; Corso Genova 5 & 6; ⌚周一 15:00~19:30，周二至周六 9:30~13:30和15:00~19:30; 🚊2, 14）

当地生活
罗马门（Porta Romana）

罗马门地区从中心一直往东南方延伸，位于巴巴罗萨（Barbarossa）所建的一座城门下，在一条通往罗马的建于12世纪的古道上。两侧树木林立的街道旁尽是宏伟的宅邸（palazzi）和划算的就餐与喝饮料的地方，很受医院工作人员、州立大学（Università Statale）和米兰主要的商学院博科尼大学（Bocconi）学生们的欢迎。

到达和离开

Ⓜ 地铁 乘坐M3线（黄线）可以到罗马门，在Porta Romana站或Lodi站下车。

有轨电车 东西向的9路有轨电车在罗马门有站。

❶ 普拉达基金会

新的**普拉达基金会**(Fondazione Prada; ☎02 5666 2612; www.fondazioneprada.org; Largo Isarco 2; 成人/优惠 €10/8; ⏰10:00~21:00; Ⓜ Lodi)和创始人本身一样充满创造力，它的前身是一家破旧不堪的白兰地工厂，现在则是一处占地19,000平方米、妙趣横生的多层展示区。Wes Anderson设计的咖啡馆、内饰为20世纪50年代风格的酒吧Bar Luce几乎和展览一样受欢迎。

❷ Cascina Cuccagna

Cascina Cuccagna建于1695年，原是一处农场，现在则获得了新生，成为了一个集社区枢纽、家庭旅馆和全天咖啡馆和餐厅于一体的地方。周末时候，农民们带着自己的农产品和家人成群结队地来到这里，坐在美丽的花园里，狼吞虎咽地吃着**Un Posto a Milano**(☎02 545 77 85; www.unpostoamilano.it; Via Cuccagna 2; 餐 €10~35; ⏰周二至周日 12:30~15:00和19:20~23:00; ; ; Ⓜ Porta Romana)当地所产的有机食物。

❸ 甜点

Pastamadre(☎02 5519 0020; Via Bernardino Corio 8; 餐 €25~35; ⏰周一至周六 正午至15:00和19:00~23:00; Ⓜ Porta Romana)一百多年前是糕点师的天然酵母基地，其命名也源于此。这里提供有机面包、羊角面包以及装满草莓杏仁奶油的起酥。

❹ 温泉日

沿着米兰前公交总部高高的走廊一直走，来到松树环绕的火车车厢中泡个舒舒服服的生物桑拿，这就是**QC Terme温泉**(☎02 5519 9367; www.termemilano.com; Piazzale Medaglie d' Oro 2; 工作日/周末 白天门票 €45/50，工作日/周末 美体门票 €55/60; ⏰周一至周四和周日 9:30~23:00，周五和周六 8:30~12:30; Ⓜ Porta Romana)的独到之处。

❺ 创意儿童天地

城市的喧嚣与灰蒙蒙的天空使米兰看上去并不是一个适合孩子们的地方，但是米兰人也有孩子，而且坚信孩子的快乐应该跟大人的乐趣一样有趣、一样有创意。来看看新的儿童互动博物馆**MUBA**(☎02 4398 0402; www.muba.it; Via Enrico Besana 12; 儿童/成人/家庭 €8/6/25; ⏰周一 9:30~15:30，周二至周五 至18:30，周六和周日 10:00~19:00; ; 9)。

❻ 家常菜

从窗子上挂着的红白相间的挡帘和标准的意式小馆内饰来看，你可能会担心**La Bettola di Piero**(Via Orti 17; 餐 €35~45; ⏰周一 19:00至午夜，周二至周六 正午至15:00和19:00至午夜; Ⓜ Crocetta)太老套了，直到你尝了这里的家常菜：野生菊苣(puntarelle)拌鱼酱油，大胆创新的黄鹅蛋拌芦笋，以及无花果和葡萄醋腌鸭子，你会发现自己不由自主地惊叹："这就像奶奶以前做的一样!"

探索

马焦雷湖及周边

随着拿破仑下令修建从阿尔卑斯山通向瑞士的辛普朗山口（Simplon Pass），马焦雷湖（Lago Maggiore）进入其旅游全盛时期，至今它还保留着当时迷人的气息，这一点是它周边的科莫湖（Como Lake）与加尔达湖（Garda Lake）所不能企及的。这里气候温和、交通便利，吸引了大批欧洲上流阶层蜂拥而至，争先购买和修建豪华的湖边别墅。

一日游行程

抛一枚硬币来决定从哪里开始一日游，如果想浪漫爱情游或亲子游，可以选择**母亲宫**（见119页）；如果想了解艺术或是为了炫耀，可以去**博罗梅奥宫**（见119页）。1985年，查尔斯王子和戴安娜王妃受博罗梅家族邀请做客时就是在这里度假。

可以选择在湖边的**Ristorante Milano**（见123页）或**Ristorante Il Vicoletto**（见122页）吃午餐，记得预订，在这里应该点马焦雷湖的特色菜鳟鱼或红点鲑，再点一杯由附近的Franciacorte葡萄园出产的葡萄酒。

午餐后，可以轻松一点儿，去韦尔巴尼亚（Verbania）的热带温室和**塔兰托别墅**（Villa Taranto，见123页）的山茶林散步，然后经由湖滨小道走回到Verbania Intra，来体验**La Bottiglieria del Castello**（见123页）的欢乐时光（见109页），或者一路回到斯特雷萨，在**Grand Hotel des Iles Borromées**（见123页）的露台上喝点儿明星鸡尾酒。

顶级景点

博罗梅奥岛（见118页）

湖区最佳

历史景观

博罗梅奥岛（见118页）

Santa Caterina del Sasso（见124页）

圣朱利奥大教堂（见125页）

花园

塔兰托别墅（见123页）

博罗梅奥宫（见119页）

母亲宫（见119页）

就餐

Ristorante Milano（见123页）

Locanda di Orta（见125页）

饮品

Grand Hotel des Iles Borromées（见123页）

到达和离开

火车 斯特雷萨在米兰–多莫多索拉线上，每小时都有火车从米兰的中央车站发车。

船 马焦雷湖巡游（见122页）有渡船和水翼船在马焦雷湖运行，售票亭就在乘船码头旁边。奥尔塔湖巡游（见124页）有从圣朱利奥出发、在奥尔塔湖巡游的渡船。

顶级景点
博罗梅奥岛

博罗梅奥海湾构成了马焦雷湖最美的一角，而博罗梅奥岛（Borromean Islands）则囊括了其最壮丽的景色：博罗梅家族的私人宫殿。离斯特雷萨最近的是贝拉岛，岛上有耀眼的露台和嵌着贝壳的清凉石窟，而再远一些就是母亲岛（Isola Madre）上奢华的热带花园。最为普通的渔夫岛（Isola Superiore, Fisherman's Island）也在这个海湾内，渔夫岛上虽然没有宫殿，但其狭窄的鹅卵石街道、美丽的海港以及一流的餐厅使这里成为一个十分迷人的小憩之地。

☎ 0323 3 05 56

www.borromeoturismo.it

成人/儿童联票€21/10

⏲ 3月中旬至10月中旬9:00~17:30

意大利花园，贝拉岛（Italian Garden, Isola Bella）

不要错过

博罗梅奥宫

贝拉岛的名字源自卡罗三世（Carlo Ⅲ）的妻子——美丽（意大利语音译为贝拉）的伊莎贝拉，当时是17世纪，岛上最重要的建筑——**博罗梅奥宫**（Palazzo Borromeo；成人/儿童 €15/8.50，含母亲宫 成人/儿童 €21/10）落成。这一巴洛克风格的宫殿是马焦雷湖最漂亮的建筑，多达10层的露台花园十分壮观。在这一奢华的建筑内漫步，可以依次参观客房、书房以及接待厅。尤其引人注目的是拿破仑的房间（Sala di Napoleone），1797年拿破仑皇帝与妻子一起住过的房间）、宴会厅（Sala da Ballo）、富丽堂皇的王座室（Sala del Trono）和皇后的房间（Sala delle Regine）。来自博罗梅奥的130幅精美收藏品悬挂在各处。

母亲宫

美轮美奂的**母亲宫**（Palazzo Madre；成人/儿童 €12/6.50，含博罗梅奥宫 €21/10）即是母亲岛。白孔雀开着屏，像极了新娘的礼服，大摇大摆地走过英式花园，花园中开满了火红的映山红、杜鹃花、山茶花和木槿。在这座16世纪至18世纪的宫殿中，你可以看到博罗梅奥无数的玩偶藏品，由来自米兰斯卡拉歌剧院（Teatro alla Scala）的舞台设计师设计的新古典风格的木偶剧院，以及一个全是邪恶木偶的“恐怖”剧院。

渔夫岛

小小的“渔夫岛”（Isola Superiore）因缺乏具体的景点，正好保留了大部分的乡村原始气息。拥挤的街道遮蔽了**圣维克多教堂**（Chiesa di San Vittore），这座教堂的特色在于11世纪的后殿和16世纪的壁画，不过这座小岛真正吸引人的地方还是岛上的餐馆，他们的烤鱼做得非常好。

☑ 独家贴士

- 留半天时间欣赏每座宫殿。
- 博罗梅奥宫内精美的艺术收藏品包括欧洲早期绘画大师鲁本斯（Rubens）、提香（Titian）、安德烈亚·曼特尼亚（Andrea Mantegna）和安东尼奥·卡诺瓦（Antonio Canova）等的作品。
- 不要错过在博罗梅奥宫的石窟内举办的有3000年历史的化石船展览。

吃喝落脚点

在母亲岛上只有一家咖啡馆，提供饮品和小吃。在贝拉岛上有一家餐馆**Elvezia**（☎0323 3 00 43；Via Vittorio Emanuele 18；餐 €30~35；⏲3月至10月 周二至周日 正午至14:00和18:30~21:00，11月至次年2月 仅周五至周日）。

午餐的话直接去渔夫岛的**Casabella**（☎0323 3 34 71；www.isola-pescatori.it；Via del Marinaio 1；餐 €30~50，含5道菜的品尝套餐 €55；⏲2月至11月 正午至14:00和18:00~20:30）吃超级美味的海鲜。

SWITZERLAND
瑞士
ITALY
意大利
PIEDMONT
皮埃蒙特
Lago Maggiore
马焦雷湖
Vogorno
Lago di Vogorno
Magadino
Vira
Piazzogna
San Nazzaro
Monte Tamaro (1961m)
Train Station
火车站
Ascona
Isole di Brissago
Maccagno
Luino
Maggia
Cavigliano
Intragna
Centovalli
Verdasio
Borgnone
Camedo
Bordei
Monte Limidario (2187m)
Cannobio
Sant'Anna
Valle Onsernone
Val di Vergeletto
Melezzo
Torrente Cannobino
Val Cannobina
Falmenta
Riserva Naturale del Sacro Monte della SS Trinità
Finero
Malesco
Santa Maria Maggiore
Monte Zeda (2156m)
Parco Nazionale Val Grande
Pizzo la Scheggia (2466m)
Druogno
Valle Vigezzo
Mergozzo
Val d'Ossola
A
B
C
D
E
1
2
3
4

Verbania韦尔巴尼亚
Pallanza
Verbania
Gravellona
Baveno
Isole
Borromee
博罗梅奥岛
Monte
Mottarone
莫塔罗内山
Stresa
斯特雷萨
Omegna
Strona
Laveno
car
ferry
Sasso del Ferro
(1062m)
FNM Train
Station
Casalzuigno
Cuasso
al Monte
Reno
Gemonio
Campo dei Fiori
(1226m)
Parco
Regionale Campo
dei Fiori
Campo dei Fiori
Santa Caterina
del Sasso
Leggiuno
Gignese
Agogna
Nonio
Oira
Lago
d'Orta
奥尔塔湖
Ronco
Tortirogno
Pella
Miasino
Sacro Monte圣山
Orta San
Giulio
圣朱利奥
Legro
Lesa
Ispra
Gavirate
LOMBARDY
伦巴第
Bardello
Voltorre
Lago di
Biandronno
Monate
Lago di
Varese
Varese
瓦雷泽
Meina
Ranco
Lago di
Monate
Osmate
Schiranna
Malnate
Capodilago
Bodio
Reserva
Naturale
Brabbia
Azzate
Angera
Comabbio
Varanno
Borghi
Lago di
Comabbio
Arona
阿罗纳
Gozzano
Castiglione
Olona
Sesto
Calende
PIEDMONT
皮埃蒙特
Vergiate
Castelleto
del Ticino
Tradate
Borgomanero
Borgo
Ticino
Somma
Lombardo
Ticino
0
10 km
0
5 miles
5
6
7
8
A
B
C
D
E

斯特雷萨（Stresa）

见120页地图，B5

景点

斯特雷萨–莫塔罗内缆车 缆车

乘坐20分钟的缆车到达1491米高的莫塔罗内山（Monte Mottarone）山顶的过程中，沿途迷人的景色将一一展开。天晴的话，你还可以看见瑞士边界的马焦雷湖、奥尔塔湖和罗莎山（Monte Rosa）。在**Alpino**的中站，大量阿尔卑斯山植物在**高山植物园**（Giardino Botanico Alpinia；☎0323 3 02 95；成人/优惠 €3/2.50；⊙4月至10月 9:30~18:00）内生长。山上本来就有很不错的徒步及骑行小道。本书写作期间，缆车服务因维修暂停，重新开放的日期尚不确定。

独家贴士

马焦雷湖上的渡船

马焦雷湖巡游（Navigazione Lago Maggiore；☎800 551801；www.navigazionelaghi.it）游船服务从斯特雷萨出发，中途停靠阿罗纳（Arona，€6.20，40分钟），终点站在Verbania Pallanza（常称Pallanza，€5，35分钟）。一日游包括从斯特雷萨到渔夫岛、贝拉岛和母亲岛的门票（€16.90），秋冬季的游船服务会减少。

（Funivia Stresa-Mottarone；☎0323 3 02 95；www.stresa-mottarone.it；Piazzale della Funivia；返程 成人/优惠 €13.50/8.50，到Alpino站 €8/5.50；⊙4月至10月 9:30~17:30，11月至次年3月 8:10~17:30）

Bicicò 山地骑行

Bicicò在山脚下的斯特雷萨–莫塔罗内山缆车起点处提供山地车出租服务，费用包含一个头盔和道路指南，指南详细介绍了一条从山顶往下骑回到斯塔雷萨的25公里长简易路线，车程3小时，可以俯瞰全景。同时也有带导游的观光游（半天/一天 €80/150），以及对于其他山地车–公路自行车骑行路线的建议。需要提前两天预订行程及租车。（☎340 3572189；www.bicico.it；Piazzale della Funivia；半天/一天租金 €25/30；⊙9:30~12:30和13:30~17:30）

就餐

Ristorante Il Vicoletto 意式餐厅 €€

从斯特雷萨中心步行上山，很快就可以到Il Vicoletto，这里有令人赞不绝口的当地菜，包括湖中产的鳟鱼、野生芦笋、搭配紫菊苣以及塔雷吉欧（Taleggio）奶酪的传统意大利饭。餐厅的布置优雅得体，餐具柜里摆满了瓶瓶罐罐，桌上铺着亚麻布，当地顾客进一步说明了这个旅游小镇的受欢迎程度。（☎0323 93 21 02；www.ristorantevicoletto.com；Vicolo del Pocivo 3；餐 €30~45；⊙周五至周三 正午至14:00和18:30~22:00）

Taverna del Pappagallo 意式小馆 €

这家后街意式小馆既不算漂亮也不算庄严，但却颇受欢迎，这里正是让你体验斯特雷萨人举家狼吞虎咽享受当地菜肴的地方，有在老旧的木制烤箱中烤制的比萨和搭配湖鱼的意大利饭。(☎0323 3 04 11; www.tavernapappagallo.com; Via Principessa Margherita 46; 餐 €20~25; ⏲周四至周二 18:30~23:00)

饮品

Grand Hotel des Iles Borromées 鸡尾酒酒吧

海明威在第一次世界大战中曾参加意大利前线的战斗，这段经历结束后，他来到这里治疗自己的战争伤，并写就了《永别了，武器》(*A Farewell to Arms*)，在这部感情充沛的反战小说中对这个奢华的酒店进行了特写。房间的价格可能让你却步，但你还是可以在露台饮一杯曼哈顿鸡尾酒，体验一把同名电影的制作视角。(☎0323 93 89 38; www.borromees.it; Corso Umberto I 67; ⏲18:00至深夜)

韦尔巴尼亚 (Verbania)

见120页地图，B5

景点

塔兰托别墅 花园

这一19世纪末的别墅所在地是马焦雷湖亮点之一，苏格兰船长尼尔·麦凯伦(Neil McEacharn)在看到《时代》(*Times*)上的一则广告后，从萨伏依(Savoy)家族手里买下了这个诺曼底风格的别墅。在后来的30年间，他在这里种植了约20,000种植物，今天这个地方被视为欧洲最漂亮的植物园之一。连正门的入口都是一景，绿草地和五颜六色的鲜花将其环绕。只需走几步就可以来到塔兰托别墅的渡船码头。(Villa Taranto; ☎0323 55 66 67; www.villataranto.it; Via Vittorio Veneto 111, Verbania Pallanza; 成人/优惠 €10/5.50; ⏲3月中旬至9月 8:30~18:30, 10月 9:00~16:00; Ⓟ)

就餐

Ristorante Milano 新派意大利菜 €€€

这里的就餐环境简直是无与伦比，Milano可以直接俯视Pallanza小巧的马蹄形海港(就在渡船码头以南200米)。餐桌散布在湖边草地上，周围都是树木。这里是享受湖鱼、本地羊肉以及一些意大利创意美食，如玫瑰花瓣搭配意大利饭(risotto ai petali di rosa)的绝佳去处。(☎0323 55 68 16; www.ristorantemilanolagomaggiore.it; Corso Zanitello 2, Verbania Pallanza; 餐 €50~70; ⏲周三至周日 正午至14:00和19:00~21:00, 周一 正午至14:00; ❄)

饮品

La Bottiglieria del Castello 葡萄酒吧

在Intra Verbania美丽的广场上，品尝高山奶酪，同时搭配一杯多塞托葡萄酒(Dolcetto)。如果你确实这么做了，就表示你在支持一项傲人的传统，这项传统始于1905年，当时隔壁的姐妹餐厅**Osteria Castello**(☎0323 51 65 79; www.osteriacastello.com; Piazza Castello 9, Verbania Intra; 餐 €25; ⌚11:00~15:00和18:00至午夜，周日歇业)给来到这里的磨坊工人和渔夫供应大杯的葡萄酒，借以了解每日的新闻动态。(☎0323 51 65 79; www.osteriacastello.com; Piazza Castello 5, Verbania Intra; ⌚周一至周六 11:00~15:00和18:00~21:00)

Santa Caterina del Sasso

见120页地图，C6

景点

Santa Caterina del Sasso 修道院

Santa Caterina del Sasso是意大利北部最宏伟的修道院，紧贴着马焦雷湖东南岸高大的岩石，这一建筑跨越13世纪和14世纪。修道院的柱廊上和小礼拜堂内绘满了壁画，小庭院的景色尤其怡人。有两种方式可以到达修道院：从Santa Caterina渡船码头开始爬80级台阶，或从停车场往下走268级台阶(也有电梯)。(www.santacaterinadelsasso.com; Via Santa Caterina 13; 免费进入; ⌚4月至9月 9:00至正午和14:00~18:00, 3月和10月 至17:00, 11月至次年2月 工作日歇业)

> **独家贴士**
>
> **奥尔塔湖渡船**
>
> (Ferries on Lago d' Orta)
>
> **奥尔塔湖巡游**(Navigazione Lago d' Orta; ☎345 517 00 05; www.navigazionelagodorta.it)渡船从圣朱利奥老城Piazza Motta广场上的栈桥出发前往圣朱利奥岛(单程/往返€2/3)。岛上一日随意四处逛的票价是€8。

阿罗纳(Arona)

见120页地图，B7

景点

Sacro Monte di San Carlo 地标

1610年，当米兰的超级明星主教圣卡洛·博罗梅奥(San Carlo Borromeo, 1538~1584年)被封圣时，他的表弟费德里科(Federico)下令建造他记忆中的一座圣山(sacro monte)，特别是要有15个小教堂排成一路一直通向教堂。实际上建了教堂和3座小教堂，以及1座额外的特殊建筑：高35米、中空的青铜和黄铜圣徒雕塑。这个圣徒也就是人们熟知的圣嘉禄(Sancarlone)。你可以爬上雕像内部，透过巨像的眼睛饱览胜景。(☎0322 24 96 69; Piazza San Carlo; 门票 €7; ⌚4月至10月 9:00~12:30和14:30~18:00, 11月至次年3月 周六和周日 至16:30)

就餐

Taverna del Pittore 意式餐厅 €€€

这家可能是马焦雷湖最浪漫的餐厅，有临水的露台，晚上还可以欣赏灯火辉煌的Rocca di Angera堡垒，精致的食物堪称一绝，以鱿鱼、鸭子和八爪鱼为食材精心制作的特色菜肴有意大利方形饺、浓汤、意大利饭以及意大利团子。（☎0322 24 33 66；www.ristorantetavernadelpittore.it；Piazza del Popolo 39；餐 €60~80；⏰周五至周三 正午至14:30和19:30~22:00；❄）

奥尔塔湖（Lago d' Orta）

见120页地图，A6

景点

圣朱利奥老城 村庄

圣朱利奥这一中世纪的村庄（Orta San Giulio Old Town；人口仅1150人，通常简称为Orta）是奥尔塔湖的重点所在，也是该湖周围主要的村庄。位于村中心的中央广场Piazza Motta上坐落着奶油色的房子，屋顶由厚实的瓦铺就。可以从Palazotto这座建于16世纪、绘有壁画的建筑上俯瞰老城，它是在一个小凉亭上搭建木桩建成。

圣朱利奥大教堂 教堂

圣朱利奥岛（Isola San Giulio）的主宰是位于岛南端的12世纪圣朱利奥大教堂，教堂里到处是色彩鲜艳的壁画，使上岛一游很有必要。教堂、小岛以及陆地上城镇的命名都始于一个名叫朱利奥（Giulio）的希腊传教士，据说他在4世纪末除掉了岛上的蛇、恐龙以及各种怪物。从小岛到圣朱利奥老城之间有定时往返的渡船（Basilica di San Giulio；⏰4月至9月 周二至周日 9:30~18:00，周一 14:00~17:00，10月至次年3月 周二至周日 9:30至正午和14:00~17:00，周一 14:00~17:00）

就餐

Locanda di Orta 新派意大利菜 €€€

小小的圣朱利奥岛现在可以炫耀自己的米其林之星了——就在紫藤掩映的Locanda di Orta，挤在这座老城的心脏位置。餐厅非常时尚、紧凑（只有17个座位），在这里，传统的奥尔塔湖食材在烹饪的魔力下摇身变成了美食艺术。（☎0322 90 51 88；www.locandaorta.com；Via Olina 18, Orta San Giulio；餐 €50；⏰正午至14:30和19:30~21:00）

Venus 意式小馆 €€

这里既可以欣赏最美的景色，也是老城食物最好吃的地方之一，丰富的当地菜肴有奶油芝士意大利饭、鹿肉蓝莓或玉米糊配奶酪、卷心菜和开心果。（☎0322 9 03 62；www.venusorta.it；Piazza Motta 50, Orta San Giulio；餐 €20~30；⏰周二至周日 正午至15:00和18:00~22:00）

科莫湖及周边

科莫湖[Lago di Como，也叫拉里奥湖（Lago di Lario）]位于白雪覆盖的雷蒂亚阿尔卑斯山脉（Rhaetian Alps）的环抱中，四周山势陡峭，山林茂密，是意大利北部最壮丽的湖。其形状如同一个倒置的字母Y，沿着弯弯曲曲的湖滨，分布着一些村庄，包括令人愉悦的贝拉焦（Bellagio），就位于科莫湖南端两个支流交汇处一个小岬角的中心。

一日游行程

如果选择去湖边所有景点中最方便的地方，那应该就是**贝拉焦**（Bellagio，见128页）。在这里，早上喝完一杯咖啡，你可以在**梅尔奇别墅**（Villa Melzi，见129页）美丽的湖滨花园散步，走到Piazza Mazzini广场，在那儿可以乘坐水翼船前去参观特雷梅佐（Tremezzo）的**卡洛塔庄园**（Villa Carlotta，见136页）中的雕塑，或去一睹**巴比安内罗别墅**（Villa Balbianello，见135页）的美景。

在科莫湖，要在**Passeggiata Lino Gelpi**（见132页）的湖滨散个步，经过滨水区的公寓楼之后，来到**奥尔默别墅**（Villa Olmo，见132页）的门口，在这里你可以逛逛花园，欣赏一流的艺术品或就在风景优美的**奥尔默别墅湖滨沙滩**（lido，见133页）走走。

如果想看日落，可以从**Aero Club Como**（见134页）乘坐水上飞机从湖上飞过或直接去布鲁纳特（Brunate）坐**缆车**（见134页）一览科莫全景。然后去吃晚饭，要在贝拉焦的**Hotel Silvio**（见129页）或在科莫的**Osteria del Gallo**（见134页）订个桌，尝尝经典的湖畔佳肴。或者，如果想体验一把明星范儿，就打车到**Il Gatto Nero**（见137页）的露台，观赏湖面上如星星般闪烁的灯光。

顶级景点

贝拉焦（Bellagio，见128页）

湖区最佳

花园

巴比安内罗别墅（见135页）

梅尔奇别墅（见129页）

修道院庄园（见136页）

就餐

Il Gatto Nero（见137页）

Osteria del Gallo（见134页）

Vecchia Varenna（见137页）

湖边体验

Aero Club Como（见134页）

奥尔默别墅湖滨沙滩（见133页）

Barindelli's（见129页）

到达和离开

火车 从米兰的中央车站（Stazione Centrale）和加里波第门（Porta Garibaldi）每小时都有火车开往Como San Giovanni站。从米兰的北站（Stazione Nord）出发的火车会到科莫湖湖滨的FNM站（在时刻表上叫Como Nord Lago）。

船 科莫湖巡游（见134页）有绕湖游览的渡船和水翼船，售票厅就在乘船码头旁边。

顶级景点
贝拉焦

船只摇曳的湖滨、错综复杂的石阶以及开满了杜鹃花的绚丽花园，让人对贝拉焦流连忘返。它就在两个支流交汇形成的岬角的中心，这一无与伦比的位置优势使它成为米兰和科莫纷争的焦点，因此才有了废弃的碉堡和San Giovanni教堂，教堂是由科莫的大师所建，从1075年一直到1125年。尽管夏天这里游客云集，但如果你在旅游淡季出现的话，这整个地方几乎都只属于你一人。

见130页地图，D5

www.bellagiolakecomo.com

贝拉焦，科莫湖（Bellagio，Lago di Como）

不要错过

赛尔贝罗尼别墅

贝拉焦(Bellagio)自古罗马时代就是很受欢迎的避暑胜地,当时小普林尼(Pliny the Younger)就在岬角度假,也就是**赛尔贝罗尼别墅**(Villa Serbelloni; ☎031 95 15 55; Piazza della Chiesa 14; 成人/儿童 €9/5; ⏰3月中旬至10月中旬 周二至周日 11:30和14:30)现在所在的地方。古罗马人引进了橄榄树和月桂树,现在遍栽于花园中,这些花园按照19世纪初意大利风格、英伦风格和地中海风格设计。赛尔贝罗尼别墅现在是洛克菲勒基金会的私产,但风景独特的花园对游客开放。

梅尔奇别墅

梅尔奇别墅(Villa Melzi; ☎339 4573838; www.giardinidivillamelzi.it; Lungo Lario Manzoni; 成人/优惠 €6.50/4; ⏰4月至10月 9:30~18:30)建于1808年,是为拿破仑的顾问和第一任意大利共和国副总统梅尔茨(1753~1816年)所建。这是湖边最漂亮的别墅之一,这一新古典主义的圣殿见证了李斯特所有的浪漫爱情,以及他在1837年创作的献给但丁和比阿特丽丝的奏鸣曲。

湖边畅游

可以在**Barindelli's**(☎338 2110337; www.barindellitaxiboats.it; Piazza Mazzini; 团队游 每小时 €140)找一条可供应香烟的桃花心木赛艇游湖。黄昏之旅(游览每小时€140,最多12人)让你在贝拉焦的岬角周围玩儿一圈,可以在水上欣赏赛尔贝罗尼别墅的美景。或者通过**Bellagio Water Sports**(☎340 3949375; www.bellagiowatersports.com; Pescallo Harbour; 租金 每2/4小时 €18/30,团队游 €35)定制一个皮划艇自助游,就位于贝拉焦的岬角东侧的Pescallo港。

☑ 独家贴士

- 花园最美丽的季节是3月至5月,此时正是山茶花、映山红和杜鹃花怒放的时节。
- 通过**PromoBellagio**(见130页地图,D5; Piazza della Chiesa 14; ⏰4月至10月 周一 9:30~13:00,周二至周日 9:00~11:00和13:30~15:30)预订在赛尔贝罗尼别墅带导游的游览观光。
- 贝拉焦的新**湖滨沙滩**(www.lidodibellagio.com; Via Carcano 1; 每半/一天 €8/12; ⏰5月、6月和9月 周二至周日 10:30~18:30,7月和8月 每天 至19:30)有细沙散落的湖上平台和跳台。

吃喝落脚点

在历史悠久的**Bar Rossi**(☎031 95 01 96; Piazza Mazzini 22; 小吃 €3~8; ⏰4月至9月 7:30至午夜,10月至次年3月 至22:30)喝杯卡布奇诺。

午餐可以在**Hotel Silvio**(☎031 95 03 22; www.bellagiosilvio.com; Via Carcano 10; 餐 €30~40; P ❄ 📶)的露台吃。

A
B
C
D
E
1
2
3
4
Chiavenna
基亚文纳
Lago di Mezzola
SS36
Dubino
SS38
Valtellina
Parco Regionale degli Orobie Valtellinesi
Pizzo Alto (2512m)
Monte Legnone (2609m)
Adda
Colico
Val di Sorico
Sorico
Domaso
SS36
Bellano
LOMBARDY
伦巴第
Livo
Peglio
Gravedona
Dongo
Rezzonico
Lago di Como
科莫湖
Monte Cardinello (2521m)
Monte Bregagno (2107m)
Monte Marmontana (2316m)
Monte Tabor
Carlazzo
Corrido
Porlezza
Lago di Piano
Monte di Tremezzo
Monte
Camoghe (2232m)
SS340
Cassarate
SWITZERLAND
瑞士
Capriasca
Roveredo
Tesserete
Monte Brè (925m)
Lugano
E35
Magadino
Monte Tamaro (1961m)
ITALY
意大利
Funicolare Como-Brunate
科莫－布鲁纳特缆车
Lido di Villa Olmo
奥尔默别墅湖滨沙滩
Villa Olmo
奥尔默别墅
Passeggiata Lino Gelpi
Lago di Como
科莫湖
Aero Club Como
Piazza Matteotti
Stazione FNM (Como Nord Lago)
FNM车站
Piazza Cavour
Piazza del Duomo
Duomo大教堂
Via Dante Alighieri
Stazione FNM (Como Borghi)
Viale Innocenzo XI
Main Train Station (Como San Giovanni)
Basilica di Sant'Abbondio
圣阿邦迪奥大教堂
500 m
0.25 miles
科莫放大图
1
2
3
4
6
7
8
9
10
11
12
13
14

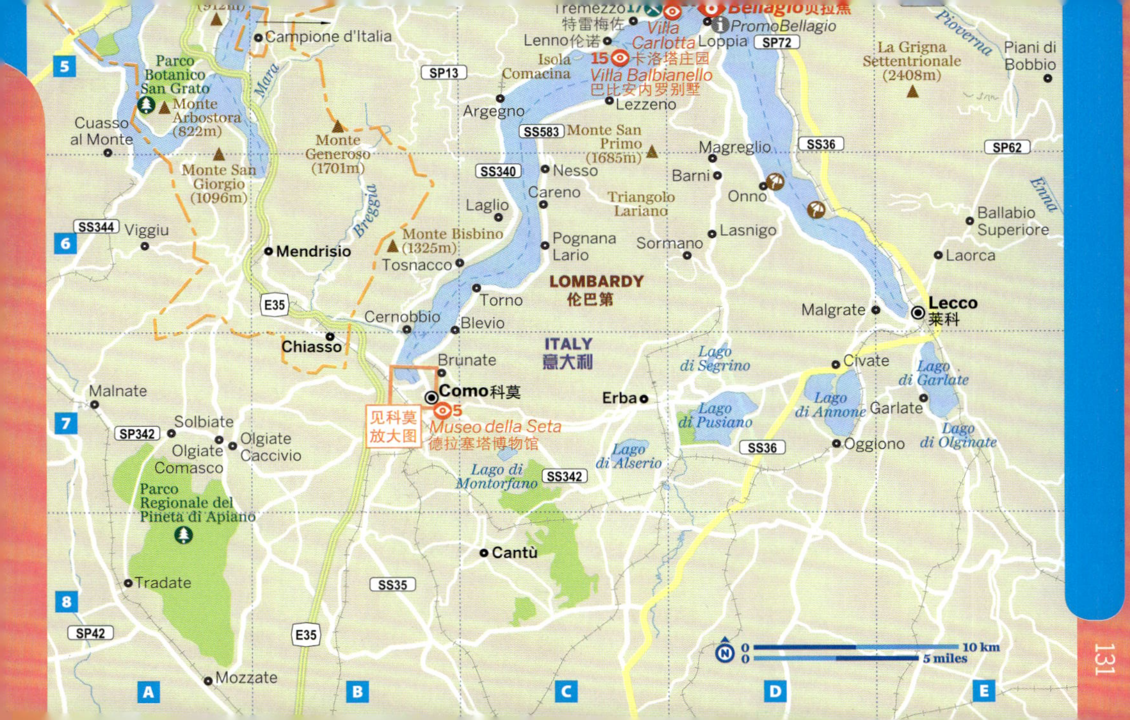
Tremezzo 17
特雷梅佐
Villa
Carlotta
Bellagio 贝拉焦
PromoBellagio
Loppia
Lenno 伦诺
15 卡洛塔庄园
Villa Balbianello
巴比安内罗别墅
Isola
Comacina
Lezzeno
Campione d'Italia
Parco
Botanico
San Grato
Monte
Arbostora
(822m)
Cuasso
al Monte
Mara
Monte San
Giorgio
(1096m)
Monte
Generoso
(1701m)
Breggia
Argegno
Monte San
Primo
(1685m)
Nesso
Careno
Laglio
Magreglio
Barni
Onno
Triangolo
Lariano
Lasnigo
Sormano
Pognana
Lario
La Grigna
Settentrionale
(2408m)
Piani di
Bobbio
Pioverna
Enna
Ballabio
Superiore
Laorca
Lecco
莱科
Malgrate
Viggiu
Mendrisio
Monte Bisbino
(1325m)
Tosnacco
Torno
LOMBARDY
伦巴第
Cernobbio
Blevio
Chiasso
ITALY
意大利
Brunate
Como 科莫
5
Museo della Seta
德拉塞塔博物馆
见科莫
放大图
Erba
Lago
di Segrino
Lago
di Pusiano
Lago
di Alserio
Lago di
Montorfano
Civate
Lago
di Annone
Garlate
Lago
di Garlate
Lago
di Olginate
Oggiono
Malnate
Solbiate
Olgiate
Comasco
Olgiate
Caccivio
Parco
Regionale del
Pineta di Apiano
Tradate
Mozzate
Cantù
SP13
SP72
SS36
SP62
SS583
SS340
SS344
E35
SP342
SS342
SS36
SS35
SP42
E35
0 10 km
0 5 miles
A
B
C
D
E
5
6
7
8

科莫 (Como)

奥尔默别墅

历史建筑

1 见130页地图，A1

奥尔默别墅（Villa Olmo）正面临湖，有着奶油色的外墙，这座宏大的新古典风格的别墅是科莫最大的地标性建筑之一。这栋奢华的建筑由Odescalchi家族建于1728年，这个家族跟教皇Innocent Ⅺ（英诺森十一世）有关。如果赶上艺术展，你可以观赏一下内部华丽的自由风格装饰，如果不凑巧，也可以欣赏一番意大利风格和英伦风格的花园。（Villa Olmo；☎031 25 23 52；Via Cantoni 1；花园免费，别墅能否进去参观取决于展览；⌚展览期间，别墅参观时间 周一至周六 9:00~12:30和14:00~17:00，花园参观时间 夏天 7:30~23:00，冬天 至19:00）

当地生活

克鲁尼的科莫

在科莫湖要按照乔治·克鲁尼的风格来体验一下电影明星的感觉：在**Harry's Bar**（Piazza Risorgimento 2；⌚10:00至午夜）猛饮一杯鸡尾酒，这是一家在切尔诺比奥（Cernobbio）的克鲁尼住处附近的酒吧；骑着**Lake Como Motorbike**（☎349 4277542；www.lakecomomotorbike.com）的摩托车在科莫的山间自由驰骋；或在**Barindelli's**（见129页）订一个可以供应香烟的小艇来一次电影里才有的旅行。随后在**Il Gatto Nero**（见137页）停下吃晚饭，就像电影明星们一样。

Passeggiata Lino Gelpi

湖滨

2 见130页地图，A1

科莫最迷人的步道是起始于Piazza Cavour广场西侧的湖滨散步道。Passeggiata Lino Gelpi经过**战争纪念馆**（Monumento ai Caduti；Viale Puecher 9），这是一个建于1931年的纪念馆，是为了纪念意大利"一战"中的死难者，也是法西斯时代建筑的典型代表。接下来你会经过一连几个庄园和别墅——包括**Villa Saporiti**和**Villa Gallia**，这两座别墅都归省政府所有，不对公众开放——然后就到了花园环绕的奥尔默别墅。

大教堂

大教堂

3 见130页地图，B2

科莫气势磅礴、大理石外墙的大教堂尽管在主体上是哥特式风格，但还是可以看出其中的古罗马风格、文艺复兴风格及巴洛克风格。这座大教堂建于14世纪至18世纪，教堂顶部是高高的八角穹顶。（Duomo；Piazza del Duomo；⌚周一至周六 7:30~19:30，周日 至21:30）

圣阿邦迪奥大教堂

教堂

4 见130页地图，B3

城墙以南500米处，就是宏伟的11世

奥尔默别墅

纪古罗马风格的圣阿邦迪奥大教堂。教堂建筑结构高大雄伟，更令人印象深刻的是，教堂后殿的窗外周围装饰着美丽的几何浮雕，而尤其值得一提的是后殿内美轮美奂的壁画。(Basilica di Sant' Abbondio; Via Regina; ⌚夏天 8:00~18:00, 冬天 至16:00)

德拉塞塔博物馆 博物馆

5 见130页地图，B7

科莫湖有抱负的丝绸制造商们就是在20世纪70年代落成的Istituto Tecnico Industriale di Setificio的纺织技术学校学习经商的，同时这里也是德拉塞塔博物馆(Museo della Seta)的所在地，德拉塞塔博物馆收集了可以展示整个小镇丝绸制作历史的文物。在展示整个纺织物生产过程的展品中，早期的特色染色和印刷设备尤为夺目。(Museo della Seta, 也叫丝绸博物馆; ☎031 30 31 80; www.museosetacomo.com; Via Castelnuovo 9; 成人/优惠 €10/7; ⌚周二至周五 10:00~18:00, 周六 至13:00)

奥尔默别墅湖滨沙滩 游泳

6 见130页地图，A1

开怀之地：一个袖珍的湖滨沙滩(lido)，在这里了你可以纵身跳入露天的游泳池中，在湖边沐浴阳光、租船，在湖边的酒吧品鸡尾酒，尽享湖光山色，仿佛置身极乐之地。(Lido di Villa Olmo; ☎031 57 08 71; www.lidovillaolmo.it; Via Cernobbio 2; 成人/优惠 €7/3.50; ⌚5月中旬至9月中旬 9:00~19:00)

独家贴士

科莫湖上的渡船

科莫湖巡游(Navigazione Lago di Como; ☎800 551801; www.navigazionelaghi.it)快速的水翼船从Piazza Cavour广场旁边的科莫码头离开，到伦诺的单程票€8.40，到特雷梅佐的单程票€10.40，到贝拉焦的单程票€10.40，到瓦伦纳的单程票€11.60，往返票价格翻倍。地区通票(每天€6.90~28)可以不限次数游玩，会更实惠一些。

科莫-布鲁纳特缆车

缆车

7 见130页地图，B1

准备好见识壮丽的景色吧。乘坐科莫-布鲁纳特(Como-Brunate)缆车(建于1894年)，只用7分钟就可以到达静谧的**布鲁纳特**(Brunate，海拔720米)小镇山顶，饱览让人难忘的湖光山色。从那里沿着陡峭小路走上30分钟就可以到**圣毛里齐奥**(San Maurizio，海拔907米)，由此再爬143级台阶就能到达灯塔的顶部。(Funicolare Como-Brunate; ☎031 30 36 08; www.funicolarecomo.it; Piazza de Gasperi 4; 成人单程/往返 €3/5.50，优惠 €2/3.20; ⏲夏天8:00至午夜，每半小时一次，冬天 至22:30)

Aero Club Como

观光飞行

8 见130页地图，A1

如果真的想体验一下这里的魅力，可以选择其中任一项观光飞行，在科莫的上空飞来飞去。在气流经常不稳的湖边起飞和降落本身就极为刺激，从上往下看变小的别墅以及远处点点的村庄也一样叫人心潮澎湃。观光飞行是很受欢迎的，在夏天要提前三四天预订。(☎031 57 44 95; www.aeroclubcomo.com; Viale Masia 44; 30分钟的飞行 €140起)

Natta Café

咖啡 €

9 见130页地图，B2

这家店几乎就是为年轻一代开的客栈(osteria，由一个主人操持的便餐餐厅)。是的，这家小馆十分自信，专注于超地道的食材和经典的葡萄酒，但这家悠闲的咖啡馆也有一种“反传统一代”(beatnik)的氛围，所以你也会在酒单上看到基安蒂红葡萄酒(Chianti)、湖中鲈鱼配意大利饭。小馆里回荡着伊迪丝·琵雅芙(Edith Piaf)迷人的歌声，环境很酷。(☎031 26 91 23; www.nattacafe.com; Via Natta 16; 就餐 €15~20; ⏲周二至周六 12:30~15:00和18:30至午夜，周日12:30~15:00和19:30~23:30; 📶)

Osteria del Gallo

意大利菜 €€

10 见130页地图，B2

一家青春永驻但看上去正合你口味的小餐馆，在有着木头内衬的餐厅里，架子上满是葡萄酒瓶和美味的食品，用餐者坐在小小的木桌子旁大口享受着传统的当地美食。每天的菜单都写在墙上，可能头盘是鹰嘴豆汤(zuppa di ceci)，随后是轻煎湖鱼。(☎031 27 25 91; www.osteriadelgallo-como.it; Via Vitani 16; 餐 €25~30; ⏲周一 12:30~15:00,周二至周六至21:00)

Enoteca 84

意大利菜 €

11 见130页地图, B2

这里感觉就像是邻家的小餐馆一样——这是因为,它本来就是。这个温暖舒适的去处坐落在科莫步行街的中心之外,有很多传统的菜肴,包括白鱼(lavarello)配黄油鼠尾草、玉米糊配牛肉蘑菇或彩带面条配野兔肉(pappardelle alla leper)。(☎031 27 04 82; Via Milano 84; 餐 €20~25; ⏲10:00~14:30和19:00~22:00)

Gelateria Ceccato

意式冰激凌

12 见130页地图, B1

几十年来,科莫人(comaschi)每周日下午都会来Ceccato吃意式冰激凌,然后手拿着一点点化掉的甜筒开始湖边散步(passeggiata)。你倒不如模仿他们:点一个奶油巧克力碎冰激凌(stracciatella)或者一个多种水果口味儿的冰激凌,开始悠闲地散步。(☎031 2 33 91; Lungo Lario Trieste 16; 意式冰激凌 €2~4; ⏲夏天 正午至午夜,冬天时间不定)

Enoteca Castiglioni

葡萄酒吧

13 见130页地图, B2

如果你比较走运的话,可以在陈列着一排排葡萄酒瓶的架子旁抢一张小桌子,在这种现代而时尚的氛围中品尝顶级的熟食,再配上上等的葡萄酒。(☎031 26 18 60; www.castiglionistore.com; Via Rovelli 17; ⏲周一至周五 10:00~20:00,周日 至21:00)

A Picci

礼品

14 见130页地图, B2

这是小镇上仅存的一家出售科莫设计制作的丝绸制品的商店,最早是在1919年开业,专售丝绸领带、丝巾、丝绸套和纱笼。商品依照价格分类(从€10一条的领带开始),展示了本地的丝绸织造技术和工艺。

销售助理会很乐意为你推荐颜色和样式,也会帮你打包。(☎031 26 13 69; Via Vittorio Emanuele II 54; ⏲周一 15:00~19:30,周二至周六 9:00~12:30和15:00~19:30)

独家贴士

参观巴比安内罗别墅

游客一般只有在周二和周末的时候可以从伦诺的栈桥登陆地点步行1公里(穿行梭在鲜红绚烂的植被中,仿佛是身处东南亚)到巴比安内罗别墅庄园(Balbianello estate),其他时候参观必须要从伦诺乘坐出租船前往。如果你想去别墅内看看,要加入有导游的团队游(一般由意大利人带领),必须是在16:15之前入内参观。

伦诺(Lenno)

巴比安内罗别墅

房屋、花园

15 见130页地图，C5

巴比安内罗别墅距离伦诺的主广场约1公里的距离，这里可谓有着电影“血统”：《星球大战2》和2006年翻拍的《007之皇家赌场》就是在这里拍摄的。(Villa Balbianello; 0344 5 61 10; www.fondoambiente.it; Via Comoedia 5, Località Balbianello; 别墅和花园 成人/优惠 €15/7; 仅花园 成人/优惠 €8/3; 花园 3月中旬至11月中旬 周二和周四至周日 10:00~18:00)

特雷梅佐(Tremezzo)

见130页地图，C5

卡洛塔庄园

宅邸、花园

16 见130页地图，D5

坐落在湖边的卡洛塔庄园(Villa Carlotta)稳居科莫必去景点清单前列，花园里种着橘子树，欧洲最优良的杜鹃花、映山红和山茶花也在这里怒放。这座17世纪的建筑到处是油画、雕塑[一些是安东尼奥·卡诺瓦(Antonio Canova)的作品)]和挂毯，庄园的名字源于普鲁士公主，1847年，普鲁士公主的母亲将这个地方作为结婚礼物送给了她。(Villa Carlotta; 0344 404 05; www.villacarlotta.it; Via Regina 2; 成人/优惠 €9/7; 4月至10月中旬 9:00~19:30)

Al Veluu

意式餐厅 €€€

17 见130页地图，C5

这家餐厅坐落在陡峭的山上，可以从露台上饱览整个湖景，这里的菜肴都是让他们引以为豪的家乡菜，所以复活节时会奉上搭配迷迭香的软黄油小山羊肉，春天则会端出野生芦笋和玉米糊。(0344 4 05 10; www.alveluu.com; Via Rogaro 11; 餐 €40~70; 周三至周一 正午至14:30和19:00~22:00;)

瓦伦纳(Varenna)

见130页地图，D4

景点

西普雷西庄园

花园

在西普雷西庄园的庭院里，阶梯状的台地上长满了柏树、棕榈树、玉兰和山茶花，一直向下延伸到湖边。即使是前往庄园的路上都是风景，从轮船码头(Piazzale Martiri della Libertà)旁边的广场出发，沿着湖滨狭窄的步行道走，然后往左上台阶到中央的Piazza San Giorgio广场。在那里有指向庄园的路标。(Villa Cipressi; 0341 83 01 13; www.hotelvillacipressi.it; Via IV Novembre 22; 成人/儿童 €4/2; 3月至10月 10:00~18:00)

修道院庄园

宅邸、花园

在修道院庄园，雅致的栏杆和雕塑散落在异域风情的灌木丛中，尖尖的丝兰树依山傍水。庄园原来是一个修道院，18世纪变成了拥有美丽房间的私宅。（Villa Monastero；☎0341 29 54 50；www.villamonastero.eu；Via IV Novembre；别墅和花园 成人/优惠 €8/4，仅花园 €5/2；⏰花园 9:30~19:00，别墅 3月至7月和9月 周五至周日 9:30~19:00，8月 每天）

就餐

Ristorante La Vista 意大利菜 €€

从老城露台上看到的美景、新鲜又有新意的美食、贴心的服务是这里的特色。（☎0341 83 02 98；www.varenna.net；Via XX Settembre 35；餐 €39~46，3/4道菜 €45/48；⏰3月中旬至10月下旬 周三至周六和周一 19:00~22:00）

Vecchia Varenna 意大利菜 €€

餐厅的露台悬在湖上，上面大概有15张桌子，在这里欣赏湖景再美不过了。可以吃到湖鱼、鸭胸或用山羊奶酪、奶油和松露油做的意大利小丸子，同时欣赏科莫湖西岸的景色。（☎0341 83 07 93；www.vecchiavarenna.it；Contrada Scoscesa 14；餐 €35~45；⏰周二至周日 12:30~14:00和19:30~21:30）

Osteria Quatro Pass 意大利菜 €€

这家餐厅狠下功夫提供美食和服务弥补了没有湖景的劣势。熏肉、湖鱼以及其他的当地特色小吃都是精心准备的，非常不错。（☎0341 81 50 91；www.quattropass.com；Via XX Settembre 20；餐 €25~40；⏰正午至14:00和19:00~22:00，冬天 周一至周三歇业）

饮品

Il Molo 酒吧

Il Molo酒吧小小的露台是瓦伦纳最受追捧的观景点，露台下面就是湖，从那里向北望去，可以看到极好的景色。（☎0341 83 00 70；www.barilmolo.it；Via Riva Garibaldi 14；⏰4月至10月 11:00~13:00）

当地生活

Il Gatto Nero

坐落在切尔诺比奥（Cernobbio）上方的**Il Gatto Nero**（☎031 51 20 42；www.ristorantegattonero.com；Via Monte Santo 69，Rovenna；餐 €42~75；⏰周三至周日 正午至14:00和19:30~22:00，周二 19:30~22:00）是富豪一族餐厅的首选。在随风翻滚的顶棚下订一个前排的桌子，你就可以真正体会到水天一色这种天堂般的美景。而在餐厅里面，赤褐色的地板、暖色调的木镶板以及昏暗的灯光延续着浪漫的心情，这里精致的地中海菜单比较清淡，充满了奇妙的味道。

最佳步行游览
米兰老城

简介

米兰曾先后被恺撒大帝、拿破仑和墨索里尼统治，它的战略位置造就了迷人的历史。注重商业的米兰引入了城邦的概念，《米兰敕令》(*Edict of Milan*，公元313年)结束了对基督教徒的迫害。从古罗马时代米兰城市的雏形，到共和国的雄心和工业时代的自负，这条步行路线将带你了解米兰最动荡的历史。

起点 大教堂广场；Ⓜ Duomo

终点 森皮奥内广场；Ⓜ Moscova

距离 3.2公里；1.5小时

吃喝落脚点

位于马根塔大街的自由风格酒吧Bar Magenta（见98页）是途中一个不错的休息站，你可以喝杯咖啡或吃点小吃。或者，中途不停，最后在森皮奥内公园野餐，或在Bar Bianco（见79页）畅享欢乐时光（见109页）。

ALLAN BAXTER / GETTY IMAGES ©

斯福尔扎城堡

❶ 大教堂

珍珠白色的米兰**大教堂**（见36页）是全世界第三大教堂，顶部有一个由大理石圣人像组成的“万神庙”。作为加莱佐·维斯孔蒂的礼物，它在1386年动工，数百年的工期见证了米兰的一部分历史。

❷ 安布罗西亚纳图书馆

作为黑暗时代（Dark Ages）一道智慧的火光，红衣主教费德里科·博罗梅奥（Cardinal Federico Borromeo）在1609年创立了意大利最大的图书馆之一：**安布罗西亚纳图书馆**（见44页）。藏品包括达·芬奇的手稿集《大西洋古抄本》（*Codex Atlanticus*）。

❸ 圣洛伦佐柱

古罗马时代的梅蒂奥拉努曾在Piazza Carrobbio广场开设论坛。附近的16根柯林斯式柱子过去曾是一个古罗马神庙或浴池的组成部分，现在是**圣洛伦佐大教堂**（见107页）的柱廊。**露天剧场**遗址位于旁边的Via Edmondo de Amicis大街。

❹ 圣安布罗基奥大教堂

圣安布罗基奥大教堂（见95页）建在一个古基督教徒墓葬遗址上，深受爱戴的米兰主教圣安布罗斯就安葬于此。伦巴第风格和古罗马风格交织表现出历史的厚重。后殿部分最古老，特色是4世纪拼成的《圣安布罗斯的奇迹》（*Miracle of St Ambrose*）细瓷马赛克图案。

❺ 胜利之殿

胜利之殿（Tempio della Vittoria）在大教堂门外的拐角处，为纪念"伟大战争"（Great War）第一次世界大战的1万名受害者而建。由乔凡尼·穆齐奥设计，建筑朴素的外表在战后弥漫着低落情绪的米兰引起广泛争议。

❻ 公民考古博物馆

古罗马时代米兰的城基、城墙和一座中世纪的塔都是米兰**公民考古博物馆**（见95页）的组成部分，馆内有一个古罗马城市模型，还有玻璃、殉葬品和珠宝等珍贵文物。

❼ 斯福尔扎城堡

斯福尔扎城堡（见68页）是一个有角塔的城堡，象征着米兰像变色龙一般的求生本能。城堡内的艺术品反映出这个城市积累财富的荣辱盛衰。

最佳步行游览
时尚之都

简介

从新古典风格的购物中心和巴洛克风格的宅邸（palazzi），到19世纪的林荫大道两边的自由风格公寓和理性主义别墅，各种风格的建筑汇聚在米兰，看得出米兰一直在不遗余力地向现代化大都市发展。这条步行路线将带你领略时尚建筑。

起点 大教堂广场；Ⓜ Duomo

终点 奥斯塔公爵广场（Piazza Duca d' Aosta）；Ⓜ Centrale FS

距离 4.5公里；2小时

吃喝落脚点

在金色四边广场歇一歇，在时尚区（Fashion District）最古老的咖啡馆Pasticceria Cova（见54页）享用一杯个性卡布奇诺和一块迷你牛角包（cornetto）。至于午餐和夜晚的欢乐时光，就得直奔HClub Diana（见60页）。

奥梅诺尼家庭宅第

❶ 维托伊曼纽二世拱廊

这个由钢铁和玻璃构成的**拱廊**（见43页）是现代购物中心的直接先驱。拱廊内的一些商店和咖啡馆是米兰最古老的店铺，例如**Camparino in Galleria**和**Savini**，前者建于1867年，后者曾受查理·卓别林称赞，他说："我从来没吃过这么饱。"

❷ 奥梅诺尼家族宅第

往北走，沿Via degli Omenoni大街漫步，欣赏支撑**奥梅诺尼家族宅第**（Casa degli Omenoni）阳台的巨型人像。这个建筑是16世纪一位艺术家的住宅。人像很有米开朗基罗的风格：肌肉鼓鼓的，向前倾——这个造型成为米兰装饰建筑的参照。

❸ 金色四边广场

Via Monte Napoleone大街是**时尚区**的核心，街道两边全是国际大牌店。金色四边广场依古罗马城墙而建，广场上的大房子过去被小百货店和男子服饰用品店占用。仔细看**Palazzo Melzi di Cusano**、**Palazzo Gavaz-**

zi和**巴加蒂·瓦尔塞基博物馆**（Museo Bagatti Valsecchi，见55页），后者有美妙的文艺复兴风格的室内装饰。

❹ 内基·坎皮里奥别墅

“一战”后，米兰的建筑师张开双臂迎接现代主义的美丽新世界。最积极的莫过于皮耶罗·波尔塔卢比（Piero Portaluppi），全城多个建筑都能看到他的招牌艺术装饰和充满活力的理性主义风格。其中的亮点是**内基·坎皮里奥别墅**（见58页），这座别墅有落地玻璃窗、新颖的电子百叶窗和米兰第一个室内游泳池。

❺ 加林贝蒂宅

Corso Venezia街是大众花园（欧洲第一个公园）的东边界线，这条街道两边是新古典主义和自由风格的宫殿。该区域在20世纪20年代达到时尚的巅峰，当时最流行的是新艺术风格。位于Via Malpighi大街的**加林贝蒂宅**（见62页；No 3）是这种风格的代表，有浮华的陶瓷外立面和线条卷曲的铁艺阳台。

❻ 倍耐力塔

最后一站是美索不达米亚风格的**中央车站**（见85页）。它以有翼骏马、圆章和细瓷马赛克板为装饰，是意大利最大的火车站。作为对艺术装饰风格的呼应，吉奥·彭蒂设计的**倍耐力塔**（1955~1960年）就位于车站对面，该塔纤细瘦长、优雅轻盈、直冲云霄。

生存指南

贝拉焦（见128页），科莫湖
FRANCESCO IACOBELLI / GETTY IMAGES ©

生存指南

出发前

何时去

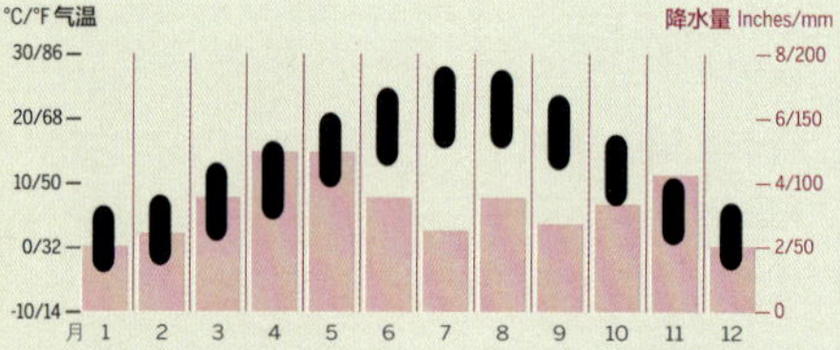

➡冬季(11月至次年3月)
圣安布罗斯(St Ambrose)的盛宴揭开了歌剧季的序幕。接下来是主显节(Epiphany),又叫三圣节(Three Kings),会有大游行。狂欢节(Carnivale)在2月。

➡春季(4月至6月)
4月,米兰设计周(家具展销会)把米兰变得非常喧闹,可以去湖区躲躲清静。

➡夏季(7月和8月)
夏季炎热,因此米兰人都离开城市,前往湖滨别墅或山间小屋。

➡秋季(9月和10月)
秋季温暖和煦,新一轮展览和时装秀开始。

预订住宿

☑**独家贴士** 如果你打算
米兰设计周或任何时装
期间来到米兰,需要提前
少1个月订房。

➡米兰是一个适合商务人
的工业城市,也就是说,城
有许多高端精品酒店,几
没有廉价住处。

➡一些高级酒店离米兰国
展览中心(Fiera)很近,但
于游客来说未必方便。订
前搞清楚。

➡在纳维利能找到比较便
的住处,但当心附近会有
吵闹的夜店,订房时要相
地加以考虑。

➡布雷拉、圣巴贝拉和公
花园周边的酒店富有个性
性价比高,像住宅区一
安静。

网络资源

孤独星球(www.lonelyplane
com)作者推荐的酒店、评
和在线订房。

irbnb（www.airbnbchina.
）直接跟业主租住公寓和
房，是住在城里最经济
方式。

otels in Milan（www.
otelsinmilan.it）一流的网
，提供米兰的酒店和民
预订。

客（www.bookings.com）全
酒店在线预订中文官网。

最佳经济型住宿

ietnamonamour（www.
etnamonamour.com）越南
情的整洁房间。

stello Bello（www.ostel
bello.com）社区枢纽，有
酷的公共空间、合租房
单租房。

**oresteria Cascina Cuc-
agna**（www.cuccagna.org）
村风格的客栈，有宿舍床
，也有双人间。

asa Mia（www.hotelca
amia.com）公共花园附近
临时客房。

最佳中档住宿

asa Titta（www.casatitta.
）一栋20世纪20年代的
寓。

aFavia Four Rooms
（http://lafavia4rooms.com）精品酒店风格的房间，配有"绿色屋顶"露台。

Foresteria Monforte（www.foresteriamonforte.it）3间极简风格的现代化整洁房间。

Hotel Gran Duca di York（www.ducadiyork.com）距离大教堂一步之遥，充满新艺术风格的优雅气息。

Antica Locanda Leonardo（www.anticalocandaleonardo.com）19世纪的住宅，有古董家具和镶木地板。

最佳高端住宿

Armani Hotel Milano（http://milan.armanihotels.com）阿玛尼低调而奢华风格的圣殿。

Palazzo Segreti（www.palazzosegreti.com）19世纪的宫殿，内部惊人的时尚。

Maison Borella（www.hotelmaisonborella.com）米兰唯一能俯瞰大运河的酒店。

Hotel Spadari Duomo（www.spadarihotel.com）Spadari酒店的房间堪称迷你画廊，是崭露头角的艺术家的展示窗。

3Rooms（www.10corsocomo.com）位于10 Corso Como大道的建筑群，有多个精品酒店风格的套房。

抵达米兰

☑ **独家贴士** 见29页了解前往住处的最佳方式。

马尔本萨机场

➡ **马尔本萨国际机场**（Malpensa International Airport，简称MXP；☎ 02 23 23 23；www.milanomalpensa-airport.com）在市中心西北方向50公里处。

➡ **Malpensa Express**（☎ 02 7249 4949；www.malpensaexpress.it；单程€12）6:50~21:20每30分钟一班，从一号航站楼（Terminal 1）开往中央车站（€10，52分钟）和卡多尔纳的北站（€11，40分钟）。前往二号航站楼（Terminal 2）的乘客需要乘坐开往一号航站楼火车站的穿梭巴士。

➡ **Malpensa Shuttle**（www.malpensashuttle.it；单程/往返 €10/16）连接机场和中央车站外面的Piazza Luigi di Savoia

广场，5:00~22:30每20分钟一班，其他时间约每小时一班（票价€10，45分钟）。

➡**出租车** 马尔本萨机场至米兰单程车费固定为€90，非高峰期从米兰到马尔本萨机场需要50分钟。对于要去二号航站楼的旅客而言，乘坐出租车可能是最快的方式。

中国北京、上海和香港有直飞米兰的航班，都是到达马尔本萨机场。中国其他城市如需到达米兰，需要先到达意大利其他城市然后再转机。

利纳特机场

利纳特机场（Linate Airport，简称LIN；☎02 23 23 23；www.milanolinate-airport.com）位于市区以东7公里处，起降欧洲和本国国内航班。

➡**Starfly**（☎02 5858 7237；www.airportbusexpress.it；单程/往返 €5/9）连接机场和中央车站，5:30~22:00每30分钟一班。在车上买票（€5，25分钟）。

➡**Bus 73**（www.atm-mi.it）6:00~21:30，73路城市公共汽车每隔10~15分钟从圣巴贝拉广场发一班车。可以上车后买票（€1.5，25分钟）。

中央车站

从法国和瑞士开来的国际高速列车到达米兰的**中央车站**（Stazione Centrale，Central Station；Piazza Duca d' Aosta）。

➡要去大教堂广场，在这里乘坐M3线地铁，Duomo站下车。

➡要去斯福尔扎城堡，乘坐M2线地铁，Cadorna站下车。

➡要去纳维利，乘坐M2线地铁，Porta Genova站下车。

当地交通

地铁、有轨电车和公共汽车组成了高效的米兰公交系统（ATM；www.atm-mi.it），但如果你游览老城，或许会发现步行更方便。乘坐主要在地面行驶的有轨电车是你浏览城市风光的好方式。

自行车

☑**最适合……** 游览老城和森皮奥内公园周边。

➡**BikeMi**（www.bikemi.i
米兰的公共自行车网。
何人都可以在遍布城内
自行车网点取车和还车
网上、手机（☎02 486
7607）或ATM的信息
（Infopoint）都能买到
卡、周卡或年卡。

船

☑**最适合……** 在运河上
船游览湖区，没有机动车
烦扰，视野也更开阔。

➡**Navigli Lombardi**（ww
navigliloombardi.it）4月至
月，运营米兰运河上的
光游船。

➡**Navigazione Lag**
（www.navigazionelaghi.it
管理意大利湖区的渡船
水翼船。通过其网站查
时刻表和价格以及订票。

小汽车和摩托车

☑**最适合……** 便于淡
游湖。

➡在米兰开车不值得。城
小，易于步行，而且停车
个噩梦。如果你开车来，
好把车停放在有人看守
停车场，这种停车场大
每24小时收费€15~40。

➡在市中心街头停车，每
时€2。在烟摊买张Sost

ilano卡支付车费。刮掉期和时间后，卡贴车窗置。

注意：许多街道是步行街机动车限行。

淡季时驾车游览湖区很错，但夏季和节假日周末建议这么做，因为交通分拥堵。

订房时询问停车位，因不是所有的酒店都带停场。

地铁

最适合…… 快速往来主要景点之间，前往火站和主要旅游地区以外地方。

地铁运营时间是6:00至日00:30。

地铁线路有4条：红线M1线）连接大教堂与orta Venezia、斯福尔扎堡和马根塔大街，绿线M2线）连接加里波第门布雷拉和纳维利，黄线M3线）连接四边广场和马门，紫线（M5线）连接里波第门和伊索拉。

票价€1.50，持票可乘坐一次地铁，或在90分钟内坐任何ATM的公共汽车有轨电车。

车站内的售票机、烟摊和报摊都卖票。

➡另有各种高性价比的旅游通票。

➡下载ATM的免费App，获取路线图、发车时刻表和票价。信用卡或PayPal都可购票。

票和通票

米兰的公交交通系统廉价而高效。地铁、有轨电车和公共汽车都使用同一种票。通过地铁站、烟摊、报摊或ATM的App都能买到票，但司机决不卖票。如果是公共汽车和有轨电车，验票是乘客的义务。如果你的票被发现没有清晰的戳印，就会被罚款€37。为了使用方便，避免验票的麻烦，购买单次或多日通票最省事：

➡**基础票（Basic ticket）**有效期90分钟，€1.50

➡**一日票（One-day ticket）**有效期24小时，€4.50

➡**十次票（Carnet of 10 tickets）**每张有效期90分钟，€13.80

➡**夜票（Evening ticket）**有效期为20:00至末班车，€3

有轨电车和公共汽车

☑**最适合……** 坐车看景，方便前往不靠近地铁线路的景点，以及不宜长时间步行的游客。

➡ATM管理有轨电车和多条公共汽车线路。

➡ATM的信息亭和地铁站内的报摊可提供路线图。

➡地铁站、烟摊和报摊售票，持票可乘坐公共汽车、有轨电车和地铁。

➡一定要在上车前买好票，上车时验票。

➡复古橙色的1路有轨电车很漂亮，座椅是木头的，装饰还保留着从前的样子。它先是沿Via Settembrini大街行驶，然后沿Via Manzoni大街穿过老城，然后折回，前往斯福尔扎城堡。

➡2路和3路有轨电车适合看风景，9路有轨电车是环线车，往返于Porta Genova和Porta Venezia之间。

➡ “ATMosfera”线有轨电车翻修后增加了一节餐车，你可以边游览城市边享用五道菜的大餐。周二至周日13:00~20:00，它从城堡广场（Piazza Castello）发车。票价€70，网上订票（http://atmosfera.atm.it/reservation）。

➡夜班车运营时间为00:30~2:30，2:30~6:00停运。

出租车

☑最适合…… 前往高级餐厅和剧院，深夜返回酒店。

➡出租车短途平均车费€10左右。

➡必须在指定的出租车停靠站打车，通常是火车站外面、大型酒店门口和大型广场边上。不能在路上随意拦车。

➡可以致电☎02 40 40、☎02 69 69或☎02 85 85叫车，有说英文的接线员。

➡注意：叫出租车从电话接通时（而不是上车时）开始计费。

➡去往机场的车费价格是固定的。

火车

☑最适合…… 前往郊区和湖区。

➡分别位于马焦雷湖和科莫湖南岸的斯特雷萨和科莫都有前往米兰的快车。

➡斯特雷萨位于多莫多索拉（Domodossola）至米兰的火车线上（€8.30~9，75分钟）。

➡中央车站有列车开往Como San Giovanni车站（€4.80~13，30~60分钟）。

➡卡多尔纳有列车开往科莫湖边的FNM站（这个车站在时刻表上写作“Como Nord Lago”；€4.10，60分钟）。

实用信息

签证

持有中国因私护照的旅行者前往需要办理申根签证。首先请确保护照有6个月以上有效期，并登陆大使馆网站或签证中心网站填写申根签证申请表格，预约申请时间。随后按要求准备签证申请材料，向签证中心递交材料、提供生物识别数据（录入十指指纹据）并缴纳签证费，等待证中心通知后领回护照。证停留时间的长短，基根据申请者所提交的行安排决定。详情可参见大利驻华使馆网站（ww ambpechino.esteri.i ambasciata_pechin zh/）及意大利签证中（www.vfsglobal.cn/ital china/chinese）。

现金

☑独家贴士 自动柜员随处可见，但是，如果需要兑换现金，邮局和行的汇率最划算。货币换处的营业时间更长，手续费比较高。换钱时要出示作为身份证件护照。

货币

➡意大利的货币是欧（€）。纸币面额分别€500、€200、€100€50、€20、€10和€5。

信用卡

➡维萨卡和万事达卡是被广泛接受的卡，但其卡，例如，Cirrus和Maestro也被接受。美国运通

merican Express）和
来卡（Diners Club）不
所有的地方都接受，因
要提前问清楚。部分大
场接受银联卡，注意是
贴有银联标志。

费

如果账单里不含服务费，
留下消费金额为10%~
%作为小费。在酒吧，
大利人大多会留下零钱
€0.10~0.20即可）。给
租车司机小费的做法不
见，但高级酒店的行李员和服务员要给小费。

省钱贴士

下列提示能帮你尽量节约开销：

- 别坐出租车——在机场乘坐Malpensa Express到市区，然后换乘地铁。
- 购买无限次乘坐公交的日通票或米兰卡。
- 说到吃饭，你没必要点好几道菜。
- 当地的意式小馆性价比最高，任何看起来有设计感的东西都会把设计成本加进售价里。
- 赶在欢乐时光时段喝酒，在这个时段只花一杯鸡尾酒的价钱（€8）就能吃顿自助餐。
- 提前预订肯定能买到最便宜的斯卡拉歌剧院演出票（€25~40）。

电源

插头是标准的欧洲两圆孔：

- 电压220伏
- 电频50赫兹
- 交流电

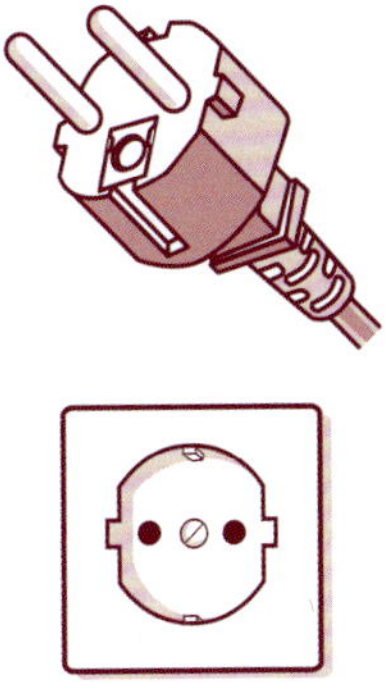

220V/50Hz

折扣

- 要省钱，可以购买有效期3天的通票（€12），持票可以参观米兰9家收费的市民博物馆（www.turismo.milano.it）。网上和其中任一家博物馆都能买到这种票。
- 如果在米兰停留的时间比较长，不妨考虑购买售价€35的米兰卡（Milano Card）。它有效期一年，持卡可无限次参观所有的市民博物馆，购买内利宫、拉焦内宫和帕狄里奥内当代艺术馆（PAC）的展览票还可享受折扣。
- 覆盖面最广的折扣卡是米兰卡（24小时/3天€6.50/13；www.milanocard.it），持卡可免费乘坐公交，优先参观《最后的晚餐》，参观大教堂无须排队，免费参观市民博物馆，参观其他“加盟”博物馆，在精选餐馆就餐和乘坐机场巴士时享受5折至8折优惠。网上购卡，然后在中央车站或机场取。

旅游信息

米兰旅游局（Milan Tourist Office；☎02 8845 6555；www.turismo.milano.it；Galleria Vittorio Emanuele II 11-12；⏰周一至周五 9:00~19:00，周六 至18:00，周日 10:00~18:00；Ⓜ Duomo）提供各种地图、小册子和导览游。旅游局定期整理酒店名单，但不代为订房。

意大利旅游局中国代表处官网：www.visitaly.cn/

营业时间

许多商店和餐馆周一歇业，或者仅在15:00~19:00营业。所有的市民博物馆周一都闭馆。许多小商店和小餐馆在8月歇业数周。

节假日

☑**独家贴士** 复活节期间如果你在城里，记得把冰箱塞满，否则复活节星期日的午饭就只能草草对付了。

银行、办公室和一些商店节假日关闭，但餐馆、博物馆和旅游景点通常营业。

元旦 1月1日

主显节 1月6日

复活节星期一 3月/4月

解放日（Liberation Day） 4月25日

劳动节 5月1日

共和日（Republic Day） 6月2日

圣母升天节（Feast of the Assumption） 8月15日

万圣节（All Saints Day） 11月1日

圣安布罗吉奥节（Festa di Sant'Ambrogio） 12月7日

圣母成胎节（Feast of the Immaculate Conception） 12月8日

圣诞节 12月25日

圣斯蒂法诺节（Festa di San Stefano） 12月26日

电话

☑**独家贴士** Wi-Fi广泛覆盖城市，也就是说可以免费上网，使用Skype和Viber等网络电话服务很方便。

意大利手机制式为GSM 900/1800，与其他欧洲国家和澳大利亚兼容，但不与北美的GSM1900制式和日本制式兼容。

中国游客可以办理当地电话卡，或者使用国内手机开通国际漫游，临行可在国内咨询相关电信营商的优惠套餐，如中国动推出的“欧洲七天包”餐等。

手机

➡买SIM卡时得出示护照留下住处地址。

➡主要的手机运营商Telecom Italia Mob（TIM）、Wind和沃达（Vodafone）。

国家和城市代码

➡意大利的拨号代码☎39。米兰的城市代是☎02，后面加上当地话号码。城市代码是拨号码的组成部分，打电话前面必须加上城市代码。

➡手机号码的前三位☎330之类的数字。

➡免费电话叫作nume verdi，通常以☎800开头。

紧急情况

24小时药房（☎02 669 35；Stazione Centrale, upp gallery）

救护车（☎118）

宪兵（☎112）

欧盟紧急热线（☎112）

警（☎115）

警察队（☎027 72 71）

行安全

米兰是一个经济发达安全旅游目的地，但是所有的大都市一样，人人往的火车站和大教堂场可能会有很多扒手。果你成为偷窃和犯罪的害者，就去最近的警察报警。要保险索赔的话，得填写各种相关的表。如果护照丢失或被窃，系你国家的大使馆。

国驻米兰领事馆[☎02-94106，传真02-536310，保应急手机：0039-32728927；consulate_milan@mfa.v.cn；Via Benaco，4，20139 lano；⌚对外办公：每周一周四 9:15~12:00（节假日外）]

领区范围：艾米利亚-马涅（Emilia-Romaga）、伦巴第（Lombara）、皮埃蒙特（Piemonte）、威尼托（Veneto）

残障旅行者

对于残障旅行者而言，米兰不是一个轻松的目的地。但ATM的部分线路最近为行动部分受限的游客引入了台阶可升降的公共汽车，一些地铁站也安装了电梯。见双语的**Milano Per Tutti**（www.milanopertutti.it）了解详情和适合坐轮椅人士的观光路线。

旅行须知

- 穿得时尚些，外表很重要。
- 跟人们打招呼，说buogiorno（日安）或buona sera（晚上好）。
- 高级酒店的行李员和对你有帮助的服务员要给小费。
- 如果受邀前往米兰人的家里做客，一定要带一盒包装漂亮的巧克力或糕点。
- 尊重就餐时间，餐馆不会为了迁就晚来的客人而延长营业时间。
- 不要把货物弄乱。如果你在商店里想看什么商品，请售货员帮你拿。
- 别以为每顿饭都得点三个菜（前菜、第一道菜和第二道菜），意大利人不这么做。
- 别假设能在上公共汽车和有轨电车时买票，必须提前买好票再乘车。

语言

意大利全境使用标准意大利语。在一些地区，地区方言是构成身份认同的重要部分，但只要你坚持说标准意大利语，被人听懂不成问题。

可以在英语中找到与意大利语相对应的语音。如果你按照英语发音方式读我们列出的音标，意大利人是能听懂的。重读音节以斜体字母表示。注意：*ai*的发音类似英语"aisle"的"ai"，*ay*类似"say"的"ay"，*ow*类似"how"的"ow"，*dz*类似"lids"的"ds"，*r*是一个卷舌浊音。

要想在旅途中带上常用语手册，可以登录**lonelyplanet.com**。在苹果应用商店购买孤独星球的iPhone手机版常用语手册。

基本用语

你好。
Buongiorno. bwon·*jor*·no

再见。
Arrivederci. a·ree·ve·*der*·chee

你好吗？
Come sta? *ko*·me sta

很好，你呢？
Bene. E Lei? *be*·ne e lay

请。
Per favore. per fa·*vo*·re

谢谢。
Grazie. *gra*·tsye

劳驾。
Mi scusi. mee *skoo*·zee

对不起。
Mi dispiace. mee dees·*pya*·che

是。/不。
Sì./No. see/no

我不懂。
Non capisco. non ka·*pee*·sko

你会说英语吗？
Parla inglese? *par*·la een·*gle*·ze

餐饮

我想要……	*Vorrei ...*	vo·*ray* ...
一杯咖啡	*un caffè*	oon ka·fe
一张餐台	*un tavolo*	oon *ta*·vo
菜单	*il menù*	eel me·*nc*
两杯啤酒	*due birre*	*doo*·e bee

你有什么推荐的？
Cosa mi consiglia? *ko*·za mee kon·*see*·lya

请慢慢享用！
Buon appetito! bwon a·pe·*tee*·tc

真好吃！
Era squisito! *e*·ra skwee·*zee*·t

干杯！
Salute! sa·*loo*·te

结账。
Mi porta il conto, per favore? mee *por*·ta eel *kon*·to per fa·*vo*·

购物

我想买……
Vorrei comprare ... vo·*ray* kom·*pra*·re

我只是随便看看。
Sto solo guardando. sto *so*·lo gwar·*dan*·do

个多少钱?
ıanto costa 'esto? kwan·to kos·ta kwe·sto

贵了。
roppo caro/ ra. (m/f) e tro·po ka·ro/ ka·ra

急情况

命!
uto! a·yoo·to

警察!
iami la lizia! kya·mee la po·lee·tsee·a

医生!
iami un edico! kya·mee oon me·dee·ko

生病了。
sento male. mee sen·to ma·le

迷路了。
sono perso/ rsa. (m/f) mee so·no per·so/ per·sa

里有厕所?
ove sono i binetti? do·ve so·no ee ga·bee·ne·tee

间和数字

点了?
ne ora è? ke o·ra e

两)点了。
ono le (due). so·no le (doo·e)

午	mattina	ma·tee·na
午	pomeriggio	po·me·ree·jo
上	sera	se·ra
天	ieri	ye·ree
天	oggi	o·jee
天	domani	do·ma·nee
	uno	oo·no
2	due	doo·e
3	tre	tre
4	quattro	kwa·tro
5	cinque	cheen·kwe
6	sei	say
7	sette	se·te
8	otto	o·to
9	nove	no·ve
10	dieci	dye·chee
100	cento	chen·to
1000	mille	mee·le

交通和方位

……在哪?
Dov'è ...? do·ve ...

这个地址怎么走?
Qual'è l'indirizzo? kwa·le leen·dee·ree·tso

你能告诉我(在地图上指出来)吗?
Può mostrarmi (sulla pianta)? pwo mos·trar·mee (soo·la pyan·ta)

……几点发车?
A che ora parte ...? a ke o·ra par·te

在……停吗?
Si ferma a ...? see fer·ma a ...

路上要多久?
Come ci si arriva? ko·me chee see a·ree·va

公共汽车/长途汽车	l'autobus	low·to·boos
票	un biglietto	oon bee·lye·to
时刻表	orario	o·ra·ryo
火车	il treno	eel tre·no

幕后

说出你的想法

我们很重视旅行者的反馈——你的评价将鼓励我们前行，把书做得更好。我们同样热爱旅行的团队会认真阅读你的来信，无论表扬还是批评都非常欢迎。虽然很难一一回复，但我们保证将你的反馈信息及时交到相关作者手中，使下一版更完美。我们也会在下一版特别鸣谢来信读者。

请把你的想法发送到**lonelyplanet.com/contact**，谢谢！

请注意：我们可能会将你的意见编辑、复制并整合到Lonely Planet的系列产品中，例如，旅行指南、网站和数字产品。如果不希望书中出现自己的意见或不希望提及你的名字，请提前告知。请访问lonelyplanet.com/privacy了解我们的隐私政策。

声明

封面图片：维托伊曼纽二世拱廊；Hemis/AWL。

本书部分地图由中国地图出版社提供，其他为原书地图，审图号GS（2017）1709号。

关于本书

这是Lonely Planet *Pocket Milan & The Lakes*的第3版。本书的作者为宝拉·哈代。

本书为中文第一版，由以下人员制作完成：

项目负责 关媛媛
项目执行 丁立松
翻译统筹 肖斌斌 王玫珺
翻　　译 阅楠 闫丛丛
内容策划 王珏（本土化内容） 涂识
视觉设计 李小棠 陈斌
协调调度 高原 沈竹颖
责任编辑 林紫秋
特约编辑 周喻
地图编辑 马珊
制　　图 刘红艳
流　　程 孙经纬
终　　审 朱萌
排　　版 北京梧桐影电脑科技有限公司

感谢沐昀、朱琳、潘英、张茜、巫殷昕为本书提供的帮助。

可参考如下子索引:

就餐 见159页
饮品 见160页
娱乐 见160页
购物 见161页

索引

景点 000
地图页码 **000**

景点 000
地图页码 **000**

就餐

景点 000
地图页码 000

饮品

娱乐

购物

我们的故事

一辆破旧的老汽车，一点点钱，一份冒险的感觉——1972年，当托尼（Tony Wheeler）和莫琳（Maureen Wheeler）夫妇踏上那趟决定他们人生的旅程时，这就是全部的行头。他们穿越欧亚大陆，历时数月到达澳大利亚。旅途结束时，风尘仆仆的两人灵机一闪，在厨房的餐桌上制作完成了他们的第一本旅行指南——《便宜走亚洲》（*Across Asia on the Cheap*）。仅仅一周时间，销量就达到了1500本。Lonely Planet从此诞生。

现在，Lonely Planet在都柏林、富兰克林、伦敦、墨尔本、奥克兰、北京和德里都设有公司，有超过600名员工及作者。在中国，Lonely Planet被称为“孤独星球”。我们恪守托尼的信条：“一本好的旅行指南应该做好三件事：有用、有意义和有趣。”

我们的作者

宝拉·哈代（Paula Hardy）

从湖边别墅到一年一度的家具展销会和尽情畅饮的酒吧，宝拉在超过15年的时间里为孤独星球编写了多本意大利指南，其中包括本书的前几个版本、《意大利的湖泊》（*The Italian Lakes*）、《西西里》（*Sicily*）、《撒丁岛》（*Sardinia*）以及《普利亚和巴西利卡塔》（*Puglia & Basilicata*）。在游历这个“美丽的国度”之余，她还为各类旅行刊物和网站写作。目前她在伦敦、意大利和摩洛哥三地居住，可关注她的推特账号@paulahardy。

特约作者

贝琳达·狄克逊（Belinda Dixon）参与编写“马焦雷湖”和“科莫湖”部分。

米兰和湖区

中文第一版

书名原文：*Pocket Milan & The Lakes*（3rd edition，Jan 2016）

本中文版由中国地图出版社出版

图书在版编目 (CIP) 数据

米兰和湖区 / 澳大利亚 Lonely Planet 公司编；闵楠，闫丛丛译. -- 北京：中国地图出版社，2017.7

书名原文：Pocket Milan and the Lakes

ISBN 978-7-5204-0084-8

Ⅰ. ①米… Ⅱ. ①澳… ②闵… ③闫… Ⅲ. ①旅游指南－米兰 Ⅳ. ① K954.69

中国版本图书馆 CIP 数据核字 (2017) 第 168318 号

出版发行	中国地图出版社
社　　址	北京市白纸坊西街 3 号
邮政编码	100054
网　　址	www.sinomaps.com
印　　刷	北京华联印刷有限公司
经　　销	新华书店
成品规格	106mm×153mm
印　　张	5.75
字　　数	183 千字
版　　次	2017 年 7 月第 1 版
印　　次	2017 年 7 月北京第 1 次印刷
定　　价	39.00 元
书　　号	ISBN 978-7-5204-0084-8
审 图 号	GS（2017）1709 号
图　　字	01-2017-3886

如有印装质量问题，请与我社发行部（010-83543956）联系